Saint Germain
Barbara Bessen

Wenn das Ego geht ...

Der Weg in die Einheit

Strahlenverlag

Kapitel-Vignetten: Herta Linsmaier
Lektorat: Heike Margarete Worm
Layout & Satz: Barbara Dittrich
Druck: Silberdruck oHG, Niestetal

Strahlenverlag UG
24360 Barkelsby
www.strahlenverlag.com
ISBN: 978-3-946237-00-6

Inhaltsangabe

Teil 3

Anhang

Geleitwort Barbara

Liebe Leserinnen und Leser!

Da ist es nun, das neue Buch. Es hat ein bisschen gedauert, bis ich dieses Mal die Feder geschwungen habe. Letzten Winter gab es schon einen zarten Anlauf. Aber manchmal brauchen Dinge ihre Zeit, im Sinne von Qualität. Ich spüre immer sehr genau – das kennen Sie sicher auch –, wann eine Sache „reif" ist. Ich befinde mich nun in meiner Seminarsommerpause und gebe mich ganz und gar Saint Germain hin, ich öffne mich für seine Energien. Das ist nicht unbedingt einfach, denn wann immer hohe Energien in einen hineinkommen, das ist Ihnen sicher auch schon widerfahren, zerrt es an einem. Es bringt alte Konditionierungen nach oben. Wenn ich die letzten Jahre zurückblicke, war dies eigentlich immer so. Seit gut vierzehn Jahren bin ich auf dieser Reise der Transformationen mit den verschiedenen geistigen Instanzen, mit den geistigen Lehrern und Helfern. Und stets wird an mir gezupft, gezogen, ich werde quasi in einen Schleusenkanal geschoben – wie auf einer Krankenstation, wo alles steril gemacht wird – und bin dann wieder um einiges Alte erleichtert.

„Hört denn das nie auf?", könnte man fragen. Nein, es geht wohl immer weiter. Zurückblickend auf den Anfang meiner Seminare und eigenen Transformationsreise, stelle ich fest, in den ersten Jahren hatte ich viele eigene Wünsche und Vorstellungen, wie meine Arbeit, mein persönliches Leben, wie die Seminare und die spirituellen

Reisen zu sein hätten. Ich habe dann aber doch relativ schnell erkannt, dass ich das überhaupt nicht selbst bin, die das entscheidet. Es entscheidet. Es. Das Ich, was ich auf einer höheren Ebene bin. Und je weiter ich auf dieser Reise unterwegs bin, desto mehr spüre ich: Ich, die Persönlichkeit Barbara, ist eigentlich gar nicht da. Ich bin irgendwie eher nebulös. Ich bin nicht ständig in Trance, nein, aber ich sehe oft die Tage und Wochen an mir vorbeischweben. Es ist, als wäre ich zwei. Ein Teil dieser zwei, das irdische Ich, hat viele Facetten. Es ist beispielsweise die Hausfrau, die den Haushalt in Schwung hält und die Bürofrau, die Mails beantwortet und Seminare plant. Ein noch weiterer Teil steigt ins Auto und fährt spontan einfach irgendwo hin und fragt sich dann: Warum bin ich hier, was will ich hier eigentlich? Ein weiterer Teil stellt plötzlich fest, ich bin auf vielen Ebenen gleichzeitig, verzerrte oder spontane Eindrücke offenbaren sich zwischendurch. Dennoch bin ich hier mit beiden Beinen auf der Erde und agiere. Mein Körper möchte beispielsweise weniger essen. Ein Teil von mir besteht auf Kuchen und all das, was mir früher so viel Freude machte. Doch ES, der andere Teil der zwei, vermittelt mir: „Es bekommt dir nicht mehr so gut, deine Organe verändern sich, sie passen sich deiner Schwingung an.“ Keine Schokolade mehr? Schade. Oder doch?

Liest man die vielen Bücher über Ernährung, fühlt man sich fast schuldig, sich dem nicht anzupassen. Es scheint doch dazuzugehören, zum Weg in die Einheit. Dennoch spricht mein Körper eine eigene Sprache. Er weiß, was ihm guttut. Und ich habe das Gefühl, ab und an sprechen sich mein Ego und mein Körper ab: „Na gut, heute gibt's Schokolade, morgen aber nicht!"

So gehen wir den Weg der Erleuchtung, wie die alten Weisen es nennen, meine geistigen Freunde nennen es Verlichtung. Der Prozess der Verlichtung schreitet voran. Jeder geht den Weg auf seine Art, so wie es passt. Dieses Buch ist deshalb auch kein Lehrbuch. Es ist eine kleine Krücke, ein Begriff, den Saint Germain in seinen Botschaften immer gern benutzt. Aber eher sollten wir Krücken loslassen, sagt er. Es gibt viele Krücken. Wir bestehen fast nur aus ihnen. Diese Ihnen vorliegende „Krücke" scheint mir jedoch sehr legitim zu sein. Denn viele von uns fühlen sich ein bisschen verloren in der Zeit des Wandels. Alles verändert sich. Nichts ist mehr so, wie es einmal war. Wir brauchen ein bisschen Halt, um den Pfad des Erwachens, wie Jesuha es gern nennt, leichter zu gehen. Ich empfinde diese Krücke als eine Laterne, ein Licht in der Verwirrtheit des täglichen Lebens. Wir wachen oft morgens auf und brauchen eine Weile, bis wir uns zurechtfinden. Wir waren sicher mal wieder irgendwo unterwegs, haben den Worten geistiger Lehrer gelauscht, haben selbst Lehrstunden für andere gegeben oder waren in Sachen gebundene Erdseelen unterwegs. Wir haben sie in ihre Bereiche geleitet, die für sie richtig sind. So wird sich der astrale Erdgürtel unserer Erde sicher bald auflösen. Denn in der höher schwingenden Ebene wird er nicht mehr gebraucht, so verstehe ich das.

Es ist dennoch eine wunderbare Zeitschiene, in der wir inkarniert sind. Sie bietet so viele Möglichkeiten, wie wir uns ausdrücken können. Wir entwickeln Qualitäten, die in uns geschlummert haben, die wir eigentlich für diese Inkarnation nicht brauchten. Aber bei der Erweiterung unseres Bewusstseins haben wir immer mehr Zugang zu unserer DNS, zu den Strängen unseres multidimensionalen Bewusstseins. All das, was wir bisher nicht brauchten, offenbart sich jetzt. Sie meinen, Sie können nicht singen? Aber ja doch! Sie können nicht öffentlich sprechen? Aber ganz sicher können Sie es, wenn Sie es brauchen. Es ist wie eine Jackbox, die wir in unseren Zellen haben. Alles ist darin enthalten, was wir jemals erlebten und konnten. Sie wollen heilerisch arbeiten? Kein Problem, das Wissen ist in den Strängen, die immer mehr aktiviert werden, enthalten. So manch einer von uns hat plötzlich laut gelacht, als er vielleicht feststellte: „Ich kann Spanisch sprechen, hab es aber nie gelernt!“ Doch, wahrscheinlich in einem anderen Leben. Wir haben jetzt Zugang zu allen Qualitäten, die wir hier auf der Erde nun ausdrücken wollen. Wir müssen es nur glauben. Wir müssen vertrauen, dass es so ist. Die Quantenphysik liefert uns den Beweis. Setzen wir um, was sich uns nun bietet. Halten wir alles für möglich und lassen uns nicht begrenzen.

Das Ziel unserer wahrscheinlich sehr langen Erdenreise ist es, uns mit unserem Höheren Selbst zu vermählen und gemeinsam aus dem Feld der Einheit zu agieren. Wie immer dieser Weg auch für uns individuell ist. Dieser Weg ist auf jeden Fall nicht mehr nur für Eingeweihte und Auserwählte. Das Feld der Einheit lädt uns jetzt ein, uns alle, mit ihm zu experimentieren. Es winkt sozusagen und flüstert, wie Circe es tat, uns zu: „Komm, ich bin du, ich bin dein Zuhause, dein Schöpfer, dein Alles. Lass uns gemeinsam weiterziehen!" Was immer das für jeden von uns auch bedeuten mag. Vieles ist mit dem Verstand nicht einzuordnen. Dafür gibt es in unserem Erfahrungsrepertoire kein erinnertes, uns zugängliches Beispiel. Wir wissen nicht, wie es ist, wir können uns aber vielleicht doch ein wenig an die andere Seite des Schleiers erinnern.

Ich freue mich mit Ihnen auf das neue Leben, das jenseits von allen Konzepten liegt: ein Leben im und aus dem Feld der Einheit! Ich wünsche Ihnen einen guten Weg!

Ihre
Barbara Bessen

Teil 1

Bestandsaufnahme: Was ist los?

Der Weg in die Unendlichkeit ist weit, fast unvorstellbar, nicht wahr? Wer kann sich vorstellen, wie es ist, ein Wesen oder ein Energieschwall zu sein, der alles, was ist, erschaffen kann? Wer von euch kann sich vorstellen, der Schöpfer dieser Erde zu sein? Du neigst immer noch dazu, dich als einen kleinen Menschen zu sehen. Du denkst, es sei doch nur du, der da umherwandelt. In deinen Tagträumen, deinen Visionen, deinen Meditationen und Bewusstseinsreisen bekommst du eine kleine Vorstellung, mehr eine Ahnung davon, was sein könnte, und wer du wohl wirklich bist. Und – was damit verbunden ist. Wieder mit beiden Beinen auf der physischen Erde, vernimmst du deine scheinbar wahre Realität. Das, was du meinst, hier zu sein – und dir gleiten die Visionen sofort ins Fantasievolle. Du meinst, doch nur geträumt zu haben. Doch was sind Träume? Erinnere dich kurz an deine Träume, dir haften gebliebene Träume. Oft kommst du mit einer Vorstellung davon, was du eben erlebst hast, zurück. Und es sind mit deinem menschlichen Verstand betrachtet Dinge, die scheinbar nicht zusammenpassen und die auf der physischen Erde unmöglich sind. Doch in der astralen Ebene, wo dein Erleben stattfindet, in den eigenen Seelengärten oder / und in denen der anderen ist alles möglich. Du kannst jemanden beschimpfen, gleichzeitig ein Haus demolieren, ein neues erschaffen, andere Menschen herbeizaubern. Kurz, vieles auf einmal und ohne Scherben, ohne Gerätschaften, die man heute zum Häuserabriss oder Neubau braucht. Du erschaffst einfach in Sekundenschnelle. Einfach so. In deinen Träumen hast du keine Schwierigkeit, von A nach B zu kommen. Du tust es einfach.

Manche Träume sind auch Möglichkeiten, etwas zu bearbeiten, loszulassen, was dich in der irdischen scheinbaren Realität bewegt. Du sagst deinem Chef die Meinung oder du hast sogar plötzlich einen anderen Arbeitsplatz. Du bist im nächsten Moment auf Hawaii mit Freunden, die du lange nicht gesehen hast. Alles ist möglich in deinem nicht physischen Bereich. Du hältst es einfach nur für Träume, aber ich sage dir, es ist Realität. Du erschaffst auf einer anderen Ebene dein Leben. Manchmal legt man einen Grundstock für neue Aktivitäten. Meist hast du im Moment viel mit Auflösungsarbeiten zu tun, diese Dinge, die du Transformation nennst. Altes loszulassen, das du nicht mehr brauchst, Gedankenstrukturen aufzulösen. Alles, was nicht mehr passt, wird bearbeitet, Knoten werden gelöst, und somit bist du bereit für neue Schritte.

Was in diesem Zusammenhang mir noch ein Bedürfnis ist, wieder einmal zu erwähnen, dass du nicht mehr in diese schweren irdischen psychologischen Lösungssitzungen gehen musst. Nur Menschen mit schweren Psychosen brauchen eine Therapie der herkömmlichen Art. Wobei, dies sei auch erwähnt, es wunderbar wäre, wenn alle Therapeuten sich mehr mit ihrem Höheren Selbst oder geistigen Helfern verbinden würden, die ihnen vermitteln können, was der Patient wirklich braucht, und wo und wie der Knoten zu lösen ist. Der Mensch ist oft noch in der

Vorstellung, irgendwo irgendetwas lernen zu müssen. Er gibt damit auch die eigene Macht aus der Hand, weil er glaubt, andere Menschen seien besser und hätten mehr Weisheit. Du hast ganz sicher schon festgestellt, auch ohne ein Therapeut zu sein, dass du genau im richtigen Moment weißt, was für deine Kinder, Freunde, Eltern und Kollegen gut ist. Und natürlich auch für dich selbst. Nur interessanterweise ist es oft so, dass man für andere in den Ideen der Heilung freier ist, für sich selbst kommen meist alte Prägungen ins Visier, und du vertraust mehr deinem Verstand, der mit alten Speicherungen von Erfahrungen gekoppelt ist.

Du bist nun hier auf der Erde, um das, was du Träume nennst, gezielt einzusetzen. Wir nennen es Schöpferkraft. Es ist die Kraft der Manifestation und in deinem Fall das Formen der eigenen Wege, die Wege auch des Alltags, die oft noch schwerer sind, als du es wünschst. Eben aus diesen alten Prägungen heraus. In deinem speziellen Fall natürlich auch deshalb, weil du hier nicht allein bist. Über sieben Milliarden Menschen bevölkern diesen Planeten. Es gibt das kollektive Bewusstsein, das alle prägt. Und dann gibt es die, die noch diese trägen Gedanken des Mangels, der Angst, nicht geliebt zu sein und Ähnliches verstärken. Diejenigen, die gut innerlich schauen können, sehen vielleicht große Schatten um sich selbst herum – immer dann, wenn sie nicht in sich selbst gut verankert sind, wenn sie Zweifel plagen, und Sorgen im Alltag auf der Egoebene gelöst werden sollen. Oder auch wenn die Horrornachrichten in den Medien verfolgt werden und sie sich hineinziehen lassen. Um euch weht der Duft von Wesen, die sich nicht von Liebe nähren. Das scheint auf der irdischen Ebene offensichtlich zu sein. Warum sonst gäbe es noch Kriege und Terrorismus? Du kamst auf die Idee, dieses Buch in die Hand zu nehmen, es zu kaufen, zu borgen und dann zu lesen, weil ein Teil deines Seins es so wollte. Es ist der lichtere Teil deines Seins, der strahlende, liebevolle und kollektiv ganzheitlich denkende Wesensanteil, der, der sich immer mehr in dein Leben fügen möchte. Die Liebe von allem, was ist, möchte durch dich scheinen, dich erfüllen, und damit auch andere, die dein Feld dicht säumen. Du bist der Lichtbringer, wie spannenderweise auch Luzifer genannt wurde, der Lichtbringer für diese Zeit des Wandels. Viele von deiner Art sind hierher gekommen. Vor langer Zeit wurde dies geplant, die Erde sollte bei dem Aufstieg in höhere Ebenen mit dabei sein, die dieses Sonnensystem und andere jetzt betreffen. Es ist eine Anzahl von gut fünf Millionen Menschen, Tendenz steigend, die dieses tun. Ihr bekamt eure Post nach der Harmonischen Konvergenz 1987, lasst mich diese altbekannte Information noch einmal in eurem Feld aktivieren. Es ist gut, sich nochmals diesen Weg klarzumachen.

Nun sind viele Menschen hier aktiviert worden, ihr nennt es Erwachen. Sie wissen, die Erde verändert sich, vielleicht lesen sie nicht diese Bücher und Ähnliches, sondern gehen ihren Weg über die Wissenschaft, über das Engagieren für Freiheit und Klarheit. Das alles sind Themen, die mit Wachstum zu tun haben. Es sind die Initiatoren für das Goldene Zeitalter, etwas, über das schon oft und lange berichtet wurde, auch mit vielen Spekulationen, was wohl geschehen wird, mit diesem Planeten. Was könnte man tun, wurde auf höheren Ebenen überlegt, um diesem Planeten zu helfen?

Ihr habt wohl einige Bücher gelesen, die mit Aufstieg und der Veränderung eures Lebens zu tun haben. Aufgeregt seid ihr gewesen, und nun habt ihr nach dem 21.12.2012 das Haupt wieder ein bisschen dem Alltag zugewandt. Der Zauber ist verblasst, die vielen Versprechungen einiger spirituellen Lehrer sind nicht wahr geworden. Deine persönlichen Erwartungen sind vielleicht auch nicht eingetroffen. „Ist dieses ganze Spektakel vielleicht eine Mogelpackung?“, haben sogar einige von euch gedacht. „Werden wir hier von der dunklen Seite der Macht mit Informationen gefüttert, um beschäftigt zu sein?“ Ja, einige oder sogar viele von euch dachten dies und sackten teils sogar etwas frustriert in sich zusammen. „Gibt es das Höhere Selbst überhaupt? Möglicherweise bin ich auch Werkzeug von anderen Wesen, die nicht in Licht und Liebe sind.“ Auch das wurde gedacht, weil so manche von euch tief in ihren Schattenthemen verwurzelt waren oder / und mit äußeren Ereignissen in Resonanz gingen und somit ihre Schatten verstärkten. Vielleicht sind die euphorischen Ideen auch deshalb ein bisschen zurückgetreten, weil du im privaten Bereich oder im Beruf nicht die Dinge erreicht hast, die du dir schon – wie du meintest – gut im Geiste manifestiert hattest. Ja, so könnte es gewesen sein. Nun lehnst du dich vielleicht in deinem Sessel zurück, blickst auf dein Leben und sagst dir: „Was soll schon sein? Ich werde älter, habe meinen Beruf, meine Rente ist gesichert, oder auch nicht? Meine Krankheitssymptome tauchen auch hier oder da wieder auf. Ich bin wohl doch einfach nur ein Mensch?" Hm, einigen von euch ergeht dies so.

Dann sind da die anderen von euch, die sich nicht so recht zurechtfinden auf der Erde oder etwas irritiert sind, weil sie merken, dass viele Dinge in ihrem Leben wie auf wundersame Weise gefügt und geführt werden. Irgendwie läuft alles gut. Nichts geht schief. Sie denken, dass es sicher irgendwann wieder anders wird. Wie es so ist in der Dualität. „Wahrscheinlich ist es Glück, dass alles so gut läuft. Oder die Schutzgeister haben gute Arbeit geleistet", so ist das Denken. Damit will ich sagen, ihr traut dem sogenannten Glück nicht über den Weg. „Es geht alles wunderbar, aber hab ich das verdient, ist es wirklich für mich?" So ähnlich sind die Gedanken. Fakt ist, dass euer Höheres Selbst die Fäden ein bisschen mehr in der Hand hat. Und das, was ihr Intuition nennt, funktioniert recht gut. Ihr lauscht nach innen, oft unbewusst, und folgt der inneren Eingebung. Wir nennen es, gut mit dem Höheren Selbst in Verbindung zu sein. Viele Menschen dieser Art sind fest im täglichen Leben verankert. Meditieren ist nicht so ihre Sache. Vielleicht wenn sie einen Yogaabend haben oder in einer Massage sind, spüren sie den Zugang zu sich selbst. Aber ihre Verbindung zu Gott läuft eher nebenbei und wird auch nicht unbedingt als göttlich empfunden.

Wieder andere von euch sind die starken Meditierer. Sie gehen in die Natur, lehnen sich an die Bäume, legen sich ins Gras und nehmen die Kraft der Erde und der Natur wahr. Sie genießen diese Verbindung und fühlen sie in ihrem Körper. Sie sprechen mit den Bäumen, verbinden sich mit den Devas der Pflanzen und sehen vielleicht auch die eine oder andere Fee. Solche Menschen sind oft sehr in ihrem eigenen Kreis eingebunden. Sie führen auch nach außen hin ein Leben der Bewusstheit, sind sicherlich Vegetarier oder gar Veganer. Manche von ihnen neigen ein wenig zum Sektierertum. Andere Meinungen werden oft kritisch beobachtet. Eigentlich ist für sie doch klar, dass der Mensch keine tierischen Produkte essen kann, wenn er die Tiere achtet.

Es gibt, wie immer gesagt wird, viele Wege, die nach Rom führen. So ist das spirituelle Erwachen etwas, das jeder Mensch auf seine Art empfindet. Wir sind jetzt in einer ganz besonderen Phase des Erwachens. Wir nennen es auch Endspurt. Nun schaut nicht auf den Kalender oder gar auf die Uhr, wann ihr die Koffer packen müsst. Es gibt ein hinreißendes Buch von Kryon, mit vielen Parabeln, wo unter anderem beschrieben wird, wie der Mensch sich denkt, was er alles bedenken muss, wenn der Planet aufsteigt, wenn der Mensch in höhere Ebenen geht. Wir sagen euch, lasst Haus und Hof das sein, was sie sind. Lasst eure Koffer auf dem Dachboden, den Schmuck im Safe und kümmert euch nicht sonderlich um eure Konten. Da, wo ihr hinwollt, gibt es das alles in der Form nicht mehr.

Das Goldene Zeitalter hat ganz andere Paradigmen, ganz andere Voraussetzungen eines Lebens. Die sind nicht vergleichbar mit dem, was hier als Grundlage angesehen wird. Ihr seid dabei, das immer mehr zu verstehen.

Lehnt euch jetzt in diesem Moment kurz zurück und sinniert einmal: „Was brauche ich wirklich zum Leben? Was macht mich zufrieden, und was bringt mich zum Lachen?" Es ist sehr wenig und hat meist fast nichts mit irdischen, physischen Dingen oder Begleitumständen zu tun. Wie wir schon so oft vermittelt haben: Wer sagt euch, dass ihr Geld verdienen müsst, um das zu haben, was ihr zum Leben braucht? Es ist Grundvoraussetzung für eine Erdinkarnation, dass für den Körper und seine Unversehrtheit gesorgt wird. Nur – ist es eure alleinige Aufgabe, dies zu tun? Wäre es nicht auch die Aufgabe eines Kollektivs? Gibt es nicht ganz andere Dinge im Leben, die entwickelt, verfeinert und angestrebt werden sollten? Es geht letztlich im Moment auf der Erde nur darum, selbst versorgt zu sein, ob mit fundamentalen Dingen oder mit Luxus. Das Ziel ist dehnbar, der Weg ist unterschiedlich und oft beschwerlich. Aber damit sind wir auch bei dem, was ihr im Kopf bewegt. Es wird viel gedacht und versucht, Lösungen mit dem Verstand zu finden. Bei dem Hunger der Welt denkst du sofort an Brot für alle und überlegst, was alles in der EU vernichtet wird, im Sinne der Marktwirtschaft. Das Ganze ist noch viel verzwickter. Aber das wollen wir später noch beleuchten. Erst einmal ist mir die Erkenntnis wichtig, dass es wirklich jetzt darum geht, das eigene Potenzial der Schöpferkraft wahrzunehmen. Die

Veränderungen beginnen immer im Kleinen hier auf der Erde, nämlich bei dir selbst. Das ist eine alte Erkenntnis, nichts Neues eigentlich. Aber vielfach ist es nicht präsent, wenn du den Alltag gestaltest. In diesem Sinne möchte ich dir noch mal ans Herz legen, dass du tatsächlich dich selbst ins Visier nimmst, um das zu ändern, was du nicht mehr möchtest. Wir sagen seit Langem, dass dies das Kollektiv verändert. Nur wissen wir auch, dass es noch nicht hundertprozentig in deinem irdischen Bewusstsein durchgesickert ist. Oft gelesen heißt nicht, dass du es dir bewusst zu Herzen nimmst.

Wollen wir eine kleine Vereinbarung kreieren? Wie wäre es, wenn du, während du dieses Buch studierst, bei dir beginnst, um eine Bestandsaufnahme zu machen? Einfach so, ohne viel Aufwand und viel Überwindung, einfach so. Lege dir einen Zettel und einen Stift neben deinem Leseplatz und beginne. Dieses Buch kann man gut in Ruhe studieren. Barbara empfiehlt dafür einen gemütlichen Sofaplatz. Es ist nicht einfach so „nebenbei mal zu lesen“. Wie du dir denken kannst, ist dieses Buch mit Kraft gefüllt. Es ist die „Goldene Welle“, wie Kryon sie beschreibt, die Energie von allem, was ist. Sie ist in diesem Buch zwischen den Zeilen verpackt. Sie hilft dir, dich selbst zu beleuchten und gegebenenfalls neue Schritte in deinem Leben zu gehen. Lass mich dir noch sagen, dass es tatsächlich so viele Erden gibt, wie es Menschen gibt. Ihr habt euch lediglich kollektiv darauf geeinigt, was ihr gemeinsam in diesem Hologramm als Realität haben möchtet. Das ist alles. Alles andere ist individuell.

Nun wollen wir noch einen Blick auf die Erde werfen. Ich möchte dich bitten, die Augen für diese kleine Bewusstseinsübung zu schließen. Visualisiere dir vor deinem inneren Auge die Erde, diesen wunderbaren blauen Planeten. Tauche tief ein. Dann bemerkst du, dass eine zweite Erde mit der ersten überlappt. Wie bei dem Muster der Blume des Lebens, das dir sicher bekannt ist. Schaue dir beide gut an. Du wirst bemerken, dass die neue Erde andere Strukturen hat, aber sie sind nicht genau erkennbar, als sei das alles noch im Wachstum, in der Schöpferphase. Die neue Erde wird sich innerhalb der nächsten Jahre, das ist ein Prozess, immer mehr mit der alten verbinden. Sie werden irgendwann verschmelzen. Wir haben das theoretisch schon oft vermittelt. Nun ist es seit einiger Zeit deutlich erkennbar. Diese beiden Erden wollen sich verbinden, wollen verschmelzen. Das ist wirklich ein spannender Prozess. Nun bekommt die Aussage von Kryon ein besonderes Gewicht. Er / sie sagte schon sehr oft: „Ihr lebt mit einem Bein in der Dualität, mit dem anderen in der Multidimensionalität. Die Kunst ist, beides miteinander zu verbinden." Das ist nun Fakt. Jetzt hast du etwas zum Denken, zum geistigen Jonglieren in deinem irdischen Verstand. Da tauchen sofort Fragen auf, nicht wahr? „Wann wird das sein? Gibt es eine dreitägige Dunkelheit? Werden alle Menschen diese Verschmelzung erleben?" Das sind sehr menschliche Fragen.
Ich antworte mit einer Gegenfrage: „Was sagt dein Herz dazu? Wie wird es geschehen? Was ist wichtig – jetzt, in dieser Zeit der Verschmelzung?" Dein Herz weiß es. Es

ist deine eigene innere Weisheit, die alles weiß, weil dein Göttliches Sein mit allem, was ist, verbunden ist.

Jeder Mensch wird die Veränderung und die Verschmelzung auf seine Art erleben. Abhängig davon, was er denkt, und wo er in seiner Entwicklung steht. Es geht hier nicht um eine spirituelle Ausrichtung, wie es in den letzten vielen Jahren im esoterischen Bereich angeboten wurde. Ihr habt sicher bemerkt, dass das Erwachen auf vielfache Weise stattfindet und nichts mit Channeling und Ähnlichem offensichtlich zu tun hat. Die Öffnungen für das Verstehen des Kosmos geschehen auf unterschiedliche Weise. So kann es durchaus sein, dass jemand, den du kennenlernst, weil er sich für eine Petition gegen die Europolitik engagiert, zu deinen Themenbereichen eine andere Einstellung hat, vielleicht sie sogar nicht annehmen kann. Trotzdem ist er dabei, das Leben der Wirtschaft, der soziologischen Ausrichtung und Prägung, infrage zu stellen und sucht nach Möglichkeiten der Veränderung. Neue Wege kann jeder auf seine Art suchen. Diese Vielfältigkeit ist gut. Es sind eben tatsächlich viele Wege, die das Höhere Selbst versucht einzuschlagen, um den Menschen, den es auf die Erde heruntergeschickt hat, nun zum Erwachen zu bringen und in die Eigenverantwortung zu gehen. Es ist an der Zeit, die Voraussetzungen hier auf der Erde, um in Frieden zu leben, zu verändern. Jeder Weg ist geachtet und geehrt, und auch Fehlwege sind in Ordnung. Vielleicht – das ist ganz profan – stellst du fest, dass dein Körper jetzt wieder Fleisch möchte, obwohl du „eingefleischter" Vegetarier bist. Ein Irrweg? Nein, eine

Veränderung, weil es vom Körper gewünscht ist, warum auch immer. Verstehst du, was ich meine? Jeder geht seinen Weg, und der ist so, wie er für das Wesen passt, und ist einzigartig. Obwohl ihr euch kollektiv einig seid, ist es individuell. Du hast sicher schon bemerkt, dass nicht alle Bekannten, mit denen du vor Jahren die Interessen teiltest, noch an deiner Seite sind. Jeder ging seinen Weg. Genauso ist es gedacht und richtig.

Ich möchte nun das Thema dieses Buches noch etwas deutlicher machen. Wir alle haben, die wir nicht mehr in den physischen Bereichen weilen, dieses Konstrukt Ego verlassen bzw. überwunden. In den Mysterienschulen gab es diesbezüglich viele Möglichkeiten. Meist waren sie mit Askese verbunden, mit bestimmten Ritualen und Lebensweisen. Spannenderweise waren die meisten dieser Ideen und Konzepte von Männern erdacht. Wir heute in dieser Zeit des großen wunderbaren Wandels gehen einen anderen Weg. Womit ich nicht alles andere verdammen möchte. Wer weiterhin die Gurus im Osten besuchen mag, um dort einen Lehrer zu suchen, tue dies. Doch wir meinen, ihr solltet jetzt den Guru in euch selbst suchen. Da ist er nämlich stark präsent, es ist euer Göttlicher Funke, der euch hierher schickte. Er steht nun in Stellung und nimmt eure Hand und auch die des Egos, der Persönlichkeit, die ihr vermeintlich seid.

Wir wollen auch die sogenannte Verlichtung beleuchten. Was ist das eigentlich und was ist, wenn man dies erlebt? Gibt es eine Erleuchtung? Gibt es Stufen? Wer entschei-

det das eigentlich?
Lasst uns tief in die Kraft und Liebe der großen Götter tauchen, die dies hier alles erschufen. Lasst uns in die „Goldene Welle“, wie Kryon sie nennt, eintauchen und herausfinden, wer wir wirklich sind.

Ich bin Saint Germain
Ein Freund aller Menschen. Ein Verfechter der Freiheit. Ich brenne für den Weg des Aufstiegs der Menschen. Ich sehe viel Licht am Ende des Tunnels. Darf ich dir eine Laterne sein?

Wie geht es weiter?

Nun habe ich dich an die Hand genommen, wie immer du das auch wahrnimmst. Vielleicht spürst du meine Energie als eine Welle der Wärme oder als eine wohlige Süße im Herzen. Wenn du dir meiner gewahr wirst, wenn du an mich denkst, bemerkst du, es ist, wie mit einem Bruder nahe zu sein. Es sei noch mal erwähnt: Ich bin nicht besser als du, lediglich einen Schritt weiter. Menschen, die sich damit befasst haben, sehen uns als die, die vorangegangen sind. Du wärest wahrscheinlich auch nicht mehr hier, wenn du nicht durch gewisse Prüfungen der alten Schulen gefallen wärest. Oder bist du hier, um der Erde dienlich zu sein? Man nennt dich dann einen Bodhisattva. Einer, der wiederkommt, um den Menschen zu helfen, ihren Aufstieg, ihre Bewusstseinserweiterung leichter zu gehen. Wie dem auch sei, du sitzt nun auf deinem Sofa, im Zug oder auf einem anderen Platz der Pause und liest diese Zeilen. Das meiste, das ich zu Papier bringe, ist dir vielleicht bekannt. Es geht in diesem Buch hauptsächlich darum, sich das herauszupicken, was jetzt für dich relevant ist. Es ist so zu verstehen, dass man Bücher liest und das behält, in seinem Bewusstsein hält, und danach versucht, das Leben zu gestalten, was gerade für denjenigen richtig ist. Das andere sickert durch. Nun wirst du hier Passagen entdecken, die für dich wie gemacht erscheinen. Nur für dich, komisch, nicht wahr? Du weißt dies auch von Büchern, die du nach Jahren wieder in die Hand nimmst. Sie zeigen dir plötzlich Zeilen, Sinnesinhalte, die du damals nicht bewusst gelesen hast.

Du sitzt nun hier und liest diesen Buchinhalt teilweise wie etwas Neues. So geschieht der Weg des Erwachens.

Wir schauen uns noch einmal die Erde an. Mach dir diese zwei Erden, die ineinander greifen, immer wieder bewusst. Es erklärt dir vieles in deinem Alltag. Du verstehst, warum du dich manchmal ganz prima angebunden an dein Göttliches Sein fühlst, und warum es Tage gibt, an denen du dich wie von einer schleimigen Masse umhüllt fühlst. Vieles ist unklar und nicht zu bearbeiten, zu leben. Nichts will in solchen Situationen so recht gelingen. Dann ist es gut, sich Ruhezeiten zu gönnen. Du bist mit einem Bein stark in der Dualität verankert. Das andere ist drüben auf der anderen Seite des Ufers, doch du hast gerade keinen Zugang. Wahrscheinlich sind dies Momente, Stunden oder gar Tage, an denen viel auf der Erde passiert. Es sind die tief greifenden Ereignisse, wo es kracht zwischen Menschen und Energien. Es sind äußerliche sowie innere Geschehnisse, die du spürst. Oft hat es nicht einmal (bewusst) etwas mit dir zu tun. Du bist dir dann auch nicht bewusst, dass es keine Trennung gibt. Du vergisst, dass niemand je allein ist. Nebenbei bemerkt, wäre dies kosmisch unmöglich. Du bist eine/r von vielen individuellen Menschen, aus einer Masse erschaffen, aus der Urmasse von allem, was ist – kreiert von großen Schöpferwesen. Dieses EinsSein mit allem, was ist, ist ein Zustand, der dich immer mehr bewegen wird. In den Meditationen, in stillen Erkenntnissen, auch in einem sexuellen Orgasmus ist diese Tatsache für Momente in deinem Bewusstsein. Du spürst auch die Süße des Seins, das Himmlische ist dir für kurze Zeit nah. Doch trotz dieser Erfahrungen und deines „Wissens" über die besondere Zeit auf der Erde bist du vielfach noch in deinem irdischen Sein verfangen.

Dennoch gibt es Menschen, die es schon geschafft haben, sich ihrer selbst bewusst zu sein. Sie sind sich auch ihrer Schöpferkraft bewusst. Leider ist es so, dass dies nicht nur lichtvolle Menschen schafften, auch die, die ihr als die Dunklen bezeichnet, kennen die kosmischen Gesetze. Das bedeutet, auch von der anderen Seite wird klar gearbeitet. Nur immer noch im Sinne der Dualität, nicht auf die lichte Göttlichkeit in den anderen Ebenen ausgerichtet. Dort, wo es Dualität nicht gibt.

Machen wir eine kleine Bestandsaufnahme, denn das ist es, worum es jetzt geht. Du willst sicher wissen, unabhängig von äußeren Pressemitteilungen, Internetinformationen und Freundesmails, was eigentlich auf der Erde los ist. Dir ist sicher auch aufgefallen, dass die Erde sich zurzeit sehr in ihrer Naturpräsenz ausdrückt. Die Elemente wirken und schaffen eine bestimmte Atmosphäre auf dem Planeten. Dies drückt aus, was jetzt in den Fokus rückt: das Loslassen von Altem. Wenn ihr in die Kriegsgebiete schaut, seht ihr viele Ausdrucksweisen der physischen und psychischen Kraft. Es wird mit aller Vehemenz demonstriert, was gedacht und gelebt wird. Auf der einen Seite sowie auf der anderen. Diejenigen, die die Kriege unterstützen, demonstrieren ihre Macht durch Gewalt und auch durch Worte und Werke der Unterdrückung. Die, die es eigentlich betrifft, nämlich die normalen Bewohner, reagieren mit Demonstrationen ihrer Stimme, halten Pamphlete auf Papier nach oben, sichtbar für alle, sie drücken all ihre Kraft aus, um Frieden zu erreichen. Doch ist das möglich? Lebt ihr nicht in der Schraube der Dualität? Ist es nicht so, dass wo Frieden ist, immer Krieg auf den Fersen folgt, so wie mit einer Waage? Man benutzt Waagen, um einen Ausgleich zu schaffen, aber die kleinste Kleinigkeit versetzt die Waage in ein Ungleichgewicht. So ist es auf der Erde auch in der Dualität. Wer in der drittdimensionalen Erde den Frieden ersehnt und anstrebt, in welcher Form auch immer, wird stets die Packung Dualität erhalten. Selbst, wenn der Krieg nicht unbedingt in ihrer Generation wieder erscheint. Aber – er folgt unweigerlich. Denke einen Moment darüber nach. Die Weisen der alten Völker wussten das und bedienten sich immer der höheren Sphären. Dort, wo keine Dualität ist. Demnach wäre Frieden nur in einer höher schwingenden Ebene möglich, richtig? Wer Frieden möchte, muss die ganz normale dreidimensionale Ebene der Erde verlassen.

Das bedeutet nicht, dass die Menschen sterben müssen, um dies zu erreichen. Sie müssen lediglich mit einem Bein in einer höher schwingenden Ebene sein. Und wie ist das möglich? Gehen wir hier einmal von allen Menschen aus, nicht nur von denen, die sich mit den sogenannten spirituellen Themen befassen. Wo ist Frieden? In der Herzensebene. Dort, wo das Höhere Göttliche Sein, das Höhere Selbst, seinen Sitz hat. Dort ist keine Dualität. Dort ist die Kraft des wahren Friedens angesiedelt. Wenn also jemand seine Herzfrequenz erhöht, dann kann er zum Frieden beitragen. Beginnend, wie wir immer wieder sagen, bei sich selbst. Wer mit sich in Frieden lebt, wer sein Herz weit geöffnet hat, der ist in Frieden. Das ist eine ganz logische Folgerung. Möchtest du ein Beispiel haben? Denen, die Krieg wollen, sind Feiertage ein Gräuel. Denn dann sind sich meist alle Menschen sehr nahe und spüren den Frieden bereits in ihrem Herzen. Aus dieser Herzzentriertheit taucht sicher die allbekannte Frage auf: Warum haben wir eigentlich Krieg? Ist es nicht Zeit, die Waffen niederzulegen? Und just in diesem Moment könnte es sein, dass der Waffenstillstand, zum Beispiel um Weihnachten herum, nicht eingehalten wird, er wird bewusst gebrochen. Es wird wieder geschossen, damit ja nicht zu viel Erkenntnis und Frieden entsteht. Ich möchte hier nicht den Eindruck entstehen lassen, ich sei etwas spitzfindig und schiebe Kriege in eine bestimmte Schublade, aber letztlich ist es tatsächlich so. Kriege sind eine Spannung zwischen Menschen, die nicht in Frieden sind, und diese Spannungen werden meist künstlich am Laufen gehalten. Überall auf der Erde ist das so. Da könnt ihr an die Waffenlobby denken, auch an Energie zehrende Außerirdische. Was immer da noch wirkt, ist nicht das eigentliche Ziel der Menschen.

Der Wunsch nach Frieden ist tief im Herzen angelegt. Es ist eigentlich die Reise nach Hause, der Wunsch nach Vereinigung mit der Schöpfung. Wieder bitte ich dich, einen Moment innezuhalten. Lege für einen Moment eine Hand auf dein Herz. Spüre kurz in deine Brust. Ich helfe dir, und deshalb gibt es unter anderem dieses Buch, nämlich dieses Gefühl für zu Hause zu entwickeln: von dort, wo du her kommst. Es ist letztlich der große schöpferische Gedanke von allem, was ist. Aber es gab auch Stationen des Abstiegs, die du erlebtest, bis du hierher kamst auf die Erde. Wo war dein letztes Zuhause, auf welchem Planeten? Wo hast du noch eine Verbindung? Wo warten vielleicht Freunde auf dich, dass du wieder zu ihnen stößt? Denn die Erde ist lediglich eine Erfahrung auf der großen Reise nach Hause. Du entscheidest, wie es weitergeht mit dir. Möchtest du die Verschmelzung der beiden Erden physisch mit größerem Bewusstsein erleben und helfen, die neue Erde mit neuen Projekten zu gestalten? So, dass wirklich menschlich göttlicher und herzlicher hier gelebt werden kann? Oder bist du auf dem Sprungbrett, dich mit deinem Höheren Selbst ganz zu verbinden, zu verschmelzen, wie die beiden Erden es tun? Um dann weitere Welten zu erobern oder gar schnell mit dem EINEN zu verschmelzen. Es gibt Menschen, die sich ganz auf die Einheit ausrichten, die nicht weitere Verkörperungen anstreben, um sich gleich in die formlose Ebene zu begeben. Es gibt, wenn es dich interessiert, auch gute wissenschaftliche Erklärungen für die verschiedenen Ebenen der Schöpfung. Der Wissenschaftler Burkhard Heim hat hervorragende wissenschaftliche Arbeit diesbezüglich geleistet, informiere dich gern. Oder reise in deine eigenen inneren Welten. Dort ist alles gespeichert, was du wissen musst. Das ist ja das wahrhaft Ver–rückte. Es ist wirklich nur in eine andere Ebene zu rutschen, dort ist dein Wissen über alles, was ist. Es ist dir wieder zugänglich. Zurzeit meist dann, wenn du dich entspannst und ganz bei dir bist. Dann hast du Erkenntnisse über alles, was dich gerade bewegt. Dein Höheres Selbst öffnet dir die Tore zur göttlichen Bibliothek.

Wie geht es hier weiter auf der Erde? Es ist offensichtlich, dass es mindestens zwei Ebenen gibt, auf denen gelebt wird: die zwei Erden. Die Frage ist nur, womit du dich identifizieren möchtest. Wir wollen uns in diesem Buch immer wieder bewusst machen, dass du bestimmst, wie du lebst. Du könntest in einem Dschungel mit wilden Tieren leben, abgeschottet von anderen, übrigens in Frieden mit diesen Tieren und deinem Leben, du würdest nichts von den Kriegen auf der Erde mitbekommen. Wenn nun im Dschungel Menschen mit niederen Gedanken wären, auf Raubzug sozusagen, würden sie dich nicht erreichen. Ihr habt nicht die gleiche Schwingungsebene. Sie würden glatt an dir vorbeigehen. Es sei denn, du wärest in Angst. Wer die Prophezeiungen von Celestine gelesen hat, weiß, was ich meine. Dort war der eine Protagonist in der Lage, sich unsichtbar zu machen. Ich will damit sagen, dass der oben erwähnte Dschungelkönig in seinem Herzen zentriert ist, ganz bei sich, er liebt den Dschungel als sein vorläufiges Zuhause und genießt es, abseits von allen Zivilisationen zu sein. „Ein komischer Vergleich ist das“, meinst du vielleicht. Nein, es ist eine Analogie. Wie wäre es, wenn du dein irdisches Leben so leben würdest, wie du es liebst und ganz bei dir zu sein, unabhängig davon, was im Außen geschieht. Das ist die Kunst, von der Kryon spricht. Mit einem Bein in der Dualität, in deinem

Beruf, in deiner Familie, im Sport, im Kindergarten, wo auch immer zu sein, und mit dem anderen in der nicht dualistischen, herzzentrierten Ebene. Die Kunst es ist auch, dieses Gefühl des Herzens, diese Verbundenheit mit den höheren Ebenen, hierher auf die Erde zu bringen. Das macht den Aufstieg aus. Früher haben die Weisen sich von der Erde entfernt, wenn sie aufstiegen. Du bist aber heute hier, um das höhere kraftvolle, nicht dualistische Licht in den Alltag zu bringen, damit Mensch und Erde verlichtet werden. Und der Weg beginnt tatsächlich in deinem eigenen Leben.

Hast du jetzt verstanden, warum du hier bist? Jetzt ist der Endspurt. Das heißt, du solltest deine Herzensangelegenheiten angehen und auch die Dinge, die du nicht so gerne magst und machst – sie entweder nicht mehr tun oder sie mit der Herzenskraft erledigen. Das hat eine ganz andere Qualität. Es geht nicht darum, in eine Einsiedelei zu gehen. Einige fühlen sich dazu berufen, das ist in Ordnung, so entstehen zum Teil auch neue Gemeinschaften. Aber die meisten von euch Pionieren sind hier, um die Herzensweisheit und ihre Kraft in den irdischen, oft manipulierten Alltag zu bringen. An die Arbeitsplätze, in die U-Bahnen und Busse, in die Lokale und Restaurants, in die Clubs und natürlich auch in das Internet.

Spürst du es auch, dass seit geraumer Zeit ein Arbeiten am Computer sehr schwächend ist? Was mag da wohl geschehen sein? Sind deine Schwingungen, ist dein Bewusstsein lichter geworden, und du empfindest diese

PC-Schwingungen als zehrend? Oder sind es bestimmte Eingaben, die ganz gezielt deinen Zustand verändern? Ich will hier keine Horrorszenarien verbreiten, aber dein Herz weiß, dass ich da nicht so ganz falsch liege. Du kennst sicher die bekannte Geschichte aus der Werbung: Es wird ein Film über Bier produziert, damit die Menschen mehr Bier trinken. In den Sequenzen, die für das irdische Auge nicht sichtbar sind, werden immer wieder Kurzszenen eingeblendet, wo voller Genuss Bier getrunken wird. Sie zeigen Einzelheiten, die Genuss zeigen, auch ganz archaisch, zum Beispiel, wie die Flüssigkeit beim gierigen Trinken aus den Mundwinkeln tropft. Für das menschlich normal schauende Auge ist das nicht wahrnehmbar. Das ist Manipulation. Als das vor vielen Jahren geschah, in den Anfangszeiten der Werbung, war man sich der Manipulation nicht so sehr bewusst, man sah das eher salopp. Doch wenn ihr das mit eurer heutigen Sichtweise hört, denkt ihr sicher anders darüber. Eine gute Frage ist für alle Menschen: Was ist zwischen den Zeilen aller Dinge?

Machen wir die Probe aufs Exempel. Schließe für einen Moment die Augen. Was empfindest du, wenn du dieses Buch in den Händen hältst? Was ist zwischen den Zeilen verpackt? Hm. Fühlt es sich nicht wunderbar an, so mit der Einheit in Verbindung zu sein? Ich bin nicht eitel oder gar narzisstisch veranlagt. Ich weiß lediglich, dass ich, wenn ich so intensiv mit euch in Kontakt trete, Gottes Energie im Gepäck habe. Erinnere dich an diese Erfahrung, wenn du wieder beruflich am Computer sitzt oder privat auf bestimmten Seitens surfst. Wie fühlt es sich an?

Ganz abgesehen davon, das dieses Instrument, dein Partner, der Computer, zu wissen scheint, was du liebst. Denn es klinken sich immer Werbemaßnahmen ein, die zeigen, was du magst. Eigenartig nicht wahr? Es sei nur am Rande erwähnt, dass eure persönlichen Daten und Vorlieben vielfach gespeichert sind. Da waren in den Anfängen des Computerwesens eben auch manche sehr salopp. Damit möchte ich dich ebenfalls nicht ängstigen. Denn wenn du dir deiner Göttlichkeit stärker bewusst wirst, ist es nicht von Wichtigkeit, was wer über dich weiß. Diese Kraft deines wahren Seins überstrahlt alles und könnte sogar Daten löschen. Ist das nicht beruhigend? So sind in eurem Leben demnach zwei Erden am wirken, unabhängig davon, wie jeder seine eigene Welt kreiert, und ihr euch kollektiv auf ein globales Sehen von Dingen wie Gebirge, Stätte etc. geeinigt habt. Dennoch sieht jeder Mensch seine eigene Welt, unabhängig von der der anderen. Besonders schwierig vorstellbar ist vielleicht auch für euch, dass die Erde ein Hologramm ist und dass das Bild, was du siehst, erst dann entsteht, wenn du deinen Fokus darauf legst. Das ist sehr interessant, nicht wahr? Die Welt besteht also demnach aus vielen Optionen. Da wir hier keine wissenschaftlichen Abhandlungen anbieten, bleiben wir bei den Dingen, die allgemein verständlich sind. Der eine oder andere von euch wird sich eh mit den wissenschaftlichen Hintergründen der Erde, des Sonnensystems, der Galaxie und des Universums beschäftigen. Das Interesse steigt. Auch hier wird immer das in deinen Fokus gelangen, was für deine Entwicklung passt. Und das ist wirklich phänomenal, du verstehst plötzlich Dinge, mögliche Sachverhalte, weil dein Höheres Sein dir den Zugang öffnet. Das Spannende dabei ist: Du rufst es ab, um es dann wieder loszulassen. Es ist nicht wie bei Schillers „Glocke", die du früher auswendig lernen musstest. Oder die mathematischen Formeln, die im Schulunterricht abgefragt wurden. Du weißt etwas, wenn du es wissen musst, dann gleitet es wieder zurück in das Kollektiv. Ist das nicht wunderbar und so zeit- und energiesparend? Was fängst du nur mit deiner vielen freien Zeit an, wenn du all die wunderbaren Werkzeuge der neuen Zeit anwendest…?

So ist auf der Erde viel los und dennoch ist es für einige Menschen sehr still. Warum das so ist: weil sie sich ihren eigenen Fernseher, ihren eigenen Computer, ihr Tablett und ihr kosmisches Handy erschaffen haben. Sie nehmen vielleicht ein bisschen an all den irdischen Angeboten teil, aber sie wenden sich dann wieder ihren inneren Kommunikationsnetzen zu. Denn sie sind außerhalb der irdischen Realität. Sie vermitteln, was in der irdischen Realität wie zu verändern ist. Sie zeigen den wahren Hintergrund und bieten Möglichkeiten der Realisation. So leben einige Wissenschaftlicher, die sich mit bahnbrechenden Erfindungen, die natürlich alle schon mal in alten Zivilisationen da waren, beschäftigen. Sie bekommen den geistigen Input aus ihrem kosmischen Tablet und setzen es auf dem irdischen um, um es dann an die Menschheit weiterzugeben. Oft ist es dann so, dass die irdischen großen Unternehmen, wenn es zum Beispiel die freie Energie, die euch sehr beschäftigt, betrifft, mit Ablehnung oder gar

Sabotage reagieren. So mancher Pionier hat es da nicht leicht und muss vielleicht sogar um sein Leben fürchten. Aber wie gut, dass es die geistigen Hierarchien gibt. Wir dürfen Schutz bieten. Wenngleich die irdischen Schritte von uns nicht abgenommen werden können. Aber wir legen Energiebahnen aus der höheren Herzensebene, sodass es gelingen möge. Manchmal – das haben einige von euch auch im eigenen Leben erfahren, dafür muss man kein besonderer Wissenschaftler sein – gelingen Neuerungen im täglichen Leben eher schleppend. Vielleicht braucht es etwas Ausdauer und Geduld. Etwas, das Menschen vergessen haben. Schöpfer brauchen Kraft, eine starke Zentrierung auf das Neue und Geduld. Erinnerst du dich?
Wenn du nun noch einen Blick auf die äußere Welt wirfst, schaue doch gern mit deinem weisen Herzensauge in diese Gebiete. Du weißt ganz plötzlich, dass die Änderungen, die viele ersehnen, aus dem Herzen kommen müssen. Natürlich spielen die der Politiker auch eine Rolle. Doch ganz wenige Menschen, meist sind es Männer, die führende Positionen haben, handeln aus ihrem Herzen. Wenn sie es versuchen, sind es oft ihre Mitbestreiter, die sie davon abhalten, eben aus diesem Herzen heraus zu handeln. Oft sind die Umstände sehr verworren, auch mit alten religiösen Strukturen verbunden, die sich nicht ohne Weiteres auflösen lassen. Was sagt man Menschen, denen Jahrhunderte bestimmte Thesen – besonders religiöse – zum Vorteil der Hierarchie eingebläut wurden? Dass ist alles nicht stimmig, nicht wahr? Es ist schwierig. Auch hier spielt das Herz eine Rolle. Das Höhere Selbst

der Menschen, die jetzt hier leben, hat ein gemeinsames Ziel: das Öffnen der Herzensqualität. Überall auf der Erde wird dies inspiriert, bis in die kleinsten Winkel dieses Planeten wird diesbezüglich gearbeitet. Halte für die äußeren Ereignisse ein Auge offen. Doch das andere sollte in höheren Welten, im eigenen Herzen zentriert sein. So arbeitest du, wenn ich das so sagen darf, interdimensional. Voilà, lasst uns die neue Erde erschaffen, gemeinsam sind wir stark!

Wer sind wir wirklich?

Bist du ein Mensch? Wirklich? Was ist ein Mensch? Wenn du dich jetzt mit deinem Körper verbindest, wird er dir viel erzählen. ER spricht mit dir. Hast du Lust auf ein kleines Experiment? Schließe deine Augen und frage in dich hinein: „Wer bin ich?“ Die Antwort wird sofort kommen. Doch es erstaunt dich sicher, was du hörst. Vielleicht kommt das Wort „Liebe“. Gut, denkst du dir und fragst weiter: „Was bin ich noch?“
„Geist in einem Körper“, könnte die Antwort sein. Frage einfach weiter. Du wirst spüren, es ist nicht dein Ego, welches dir antwortet. Es ist deine eigene Göttlichkeit. Vielleicht antwortet es auf deine Fragen zum Schluss: „Du bist Gott.“ Viele Menschen zucken bei dieser Antwort zusammen und fragen sich: „Ich soll Gott sein? Das ist ja anmaßend.“ Ja, ist es das wirklich? Was ist der Unterschied zwischen dir und Gott? Das ist eine sehr gute Frage. Die Antwort ist: keiner. Es ist kein Unterschied. Tja, das würde in religiösen Kreisen jetzt zu Diskussionen führen. Denn Gott ist nichts, was greifbar wäre, und schon gar nicht ein Mensch. Tatsächlich? Was bist du dann? „Du bist ein Knochengerüst mit Haut, einem Kreislauf, einem Gehirn, mit Organen und einem Herzen“, würde der Mediziner vielleicht sagen. Obwohl auch in diesem wissenschaftlichen Bereich schon eingekehrt ist, dass der Mensch mehr ist als ein fleischliches Objekt. Die Seele wird oft hinzugefügt. Aber was ist die Seele?

Kryon hat das einmal gut erklärt, er sagte: „Die Seele ist

all das, was ein Mensch jemals erfahren hat. Die Seele ist der Speicher der menschlichen Erfahrungen, nicht nur auf der Erde, sondern auch auf anderen Planeten. Die Seele ist ein Teil des Höheren Selbst, das alles speichert, was je ein Mensch in diesem dualistischen System erfahren hat. Sie gesellt sich zum Abschluss der Inkarnationen im diesem System wieder zum Höheren Selbst. Es ist wie eine große Geschenktüte, die die Seele dem Höheren Selbst feierlich überreicht. Selbstverständlich kann das Höhere Selbst jederzeit Zugriff nehmen auf diese Erfahrungspalette. Aber erst zum Abschluss ist es wie eine Vereinigung. Das erklärt auch, dass das Höhere Selbst vor dem Eintritt in diesem Bereich der Materie anders ist. Es ist ohne diese Erfahrungen. Nach dem Abschluss ist es erweitert, gepolstert und gefüllt mit vielen Erfahrungen, die sich als Schwingungen äußern, die wiederum spiegeln sich in Farben wider." Kryon sagte außerdem sehr treffend: „An euren Farben wird man euch später erkennen." Das bestätige ich gern. So bist du ein wundervolles, großes, göttliches Schöpferwesen, das auszog, die Materie in ihrer Vielfalt kennenzulernen. Das ist vielleicht nichts Neues für dich, doch auch hier empfehle ich, sich dies immer wieder bewusst zu machen. Mysterienschulen empfahlen ihren Schülern oft, sich so etwas wie ein physisches Erinnerungsstück zu fertigen, sich dieses um den Hals zu hängen oder bereitzulegen, sodass man immer wieder erinnert wird, wer man ist. Barbara arbeitet gern mit kleinen Zetteln, besonders in der Nähe ihres Büroplatzes, damit sie sich bei kleinen Ärgernissen wieder erinnert, wer sie wirklich ist.

Die Pflege dieses Gefährtes, das dir für diese Zeit hier auf Erden dient, ist natürlich wichtig. Dies ist insbesondere in dieser Zeit nicht zu unterschätzen. Je lichtvoller, klarer dein Körper ist, umso mehr Göttliches Licht kann er aufnehmen und damit arbeiten – für sich selbst und natürlich auch für andere. Wir sagen gern, nimm in deinen Meditationen, inneren Reisen und in den alltäglichen Verbindungen zu uns das Licht, die Energie, die du brauchst, für deine Entwicklung und das, was übrig ist, sende in die Erde. Wenn du das generell einmal ansagst, geschieht das automatisch. Erkläre deinem Höheren Selbst, dass all die Energie, die du nicht brauchst, im Moment sofort an andere weitergegeben wird.

Wenn du öfter über diese Lage, diese Situation, in der du dich befindest, sinnierst und darüber, wer du wirklich bist, verändert dies deinen Körper, dein gesamtes System, deinen Emotional-, Mental- und deinen spirituellen Körper. Sie wissen instinktiv, es geht nach Hause. Sie erfahren automatisch eine Umprogrammierung. Wir nennen es salopp Verjüngung. Denn eine Verjüngung deines Systems bringt eine Einpassung in die Göttliche Blaupause des menschlichen Körpers mit sich. So, wie der Körper von hohen göttlichen Wesen geschaffen wurde, nicht manipuliert, sondern göttlich geformt in seinen Bestimmungen, so wie er ursprünglich gedacht ist. Du entwickelst dich zu einem kosmischen Wesen, das sich seines Lichtes bewusst ist. Dieser Prozess ist oft nicht gleich spürbar. Wer von euch viel mit sich selbst in Verbindung ist, eben durch diese Meditationen, auch durch Sport, durch innere Reisen, Yoga, Heilsitzungen und Ähnliches, spürt zwar die Energie, bemerkt auch die Erweiterung des Herzens, aber grobstoffliche Veränderungen brauchen ihre Zeit. Das bringt auch mit sich, dass ihr ungeduldig seid und beginnt, an der Kraft des Gottes, der du bist, zu zweifeln.

Lasst uns kurz eine kleine Übung machen. Schließe deine Augen und bitte dein Höheres Selbst, den Gott, der du bist, es dich spüren zu lassen. Vielleicht bemerkst du eine Hand auf deiner Schulter, die sich fast physisch anfühlt. Vielleicht kommt ein Wärmeschwall über deinen Körper. Oder du fühlst eine warme Hand auf deinem Herzen. Bleib einen Moment in dieser bewussten Verbindung zu dir selbst. Ich lasse dich dies jetzt hier spüren, damit du auch glaubst, dass du göttlich bist. Du kannst diese Verbindung jederzeit aufnehmen. Diese Übung kannst du überall machen, wo immer du auch bist. Sie erfordert nicht viel Zeit, und sie gibt dir die Sicherheit, dass du nicht allein bist. Der nächste Schritt wäre die konkrete Kommunikation. Doch mir ist es wichtig, dass du erfährst, es muss nicht kompliziert sein, in diese Einheit mit dir selbst zu gehen. Viele Menschen, die diese Art Bücher lesen, Meditationen dieser Art machen, meinen, sie haben keine Zeit für diese Verbindungen. Sie müssten sich viel Zeit dafür nehmen. Sie meinen, es braucht viel Aufwand und verschieben ihren Kontakt zu sich selbst auf später. Wie du jetzt in dieser kleinen Übung bemerkst, ist es unkompliziert und fast sehr einfach in dieser besonderen Zeit der Erde, sich mit sich selbst zu verbinden.

Sei dir bewusst, dass du ein Schöpfergott bist, der auszog, sich zu erfahren. Das ist alles. Viele von euch spüren oft einen Drang, das eigene Leben zu verändern. Sie wissen auch, dass Änderungen viel einfacher sein können, als es hier auf der physischen Erde möglich ist beziehungsweise erscheint. Kannst du dir vorstellen, dass du selbst alles erschaffen kannst, was du möchtest? Es bedarf lediglich des Fokussierens eines Gedankens. Diesen Schöpfergedanken musst mit aller inneren Kraft und Liebe halten, über Sekunden, über Minuten und immer wieder in dir hegen und pflegen. Und – du darfst nicht zweifeln. Die hohe Energie, die aus dem Zentrum der Galaxie hier auf die Erde fokussiert ist, ist die Zündung für deine Kreationen. Doch ich weiß, dieses Halten des Gedankens und ihn mit Herzensenergie zu nähren ist das Schwerste. Wenn du möchtest, dass es dir bewusster gelingt, denn oft manifestieren sich deine Schöpfungen schon, musst du üben, üben, immer wieder üben. Aber bitte nicht verbissen, eher spielerisch, wie immer wieder an einem Bild oder einer anderen handwerklichen Schöpfung. Das entsteht auch in Etappen. Die andere Möglichkeit ist, deine Schöpfungen deinem Höheren Selbst in die Hände zu legen. Du gibst sozusagen dein Leben in den Schoß und die Obhut des Höheren Selbst. Würdest du vertrauen, dass dein Höheres Selbst alles weiß, alles erschaffen kann, was du in dein Leben gestalten möchtest? Manchmal braucht es eine Weile oder länger, dieses zu verstehen. Denn das Ego, deine Persönlichkeit, möchte gern der Schöpfer deines Lebens sein. Er wird dir Zweifel vermitteln. Wir werden dies später noch erläutern. Ich gebe dir diese Idee der Hingabe einmal an die Hand. Kontempliere darüber auch gern mit der Verbindung wie eben praktiziert zu dir selbst. Das Zauberwort für diese Art der Lebensgestaltung ist HINGABE. Kannst du dich ohne Wenn und Aber deinem Gott in dir hingeben?

Vielleicht hilft es dir, dich noch ein bisschen mehr ganz einfach und praktisch mit deiner Schöpfung – soweit es für dein erweitertes Bewusstsein möglich ist – zu beschäftigen. Wir haben darüber schon oft geschrieben, viele andere Autoren auch. Du erstammst einer kosmischen Leiter. Stell dir den Urschöpfergedanken vor, der sich teilte, weil er sich erfahren wollte. Der Urgedanke bleibt immer in sich ruhen, er verändert sich nicht. Doch ein Teil seines Seins möchte sich ausdehnen, möchte Erfahrungen sammeln. Er projiziert sich mit Gedanken nach außen, er schafft die Dreifaltigkeit, die euch aus der Bibel und anderen Schriften gut bekannt ist. Aus dieser ersten Schöpfung entwickelten sich weitere Schöpfungen durch schöpferische Gedanken, die von dieser Dreifaltigkeit ausgingen. Wie eine Leiter dehnte sich die Schöpfung in viele Stufen aus. Irgendwann kam die Idee einer stofflichen Erfahrung. Irgendwer entwickelte irgendwo Wesenseinheiten mit und in Materie. Diese Entitäten, die dies erschufen, sind das, was man Schöpfergötter nennt. Sie gaben und geben weiterhin zur besseren Erforschung einen Teil ihres Seins in diese Schöpfung hinein. Ihr nennt es Beseelung. So ist der Schöpfer dieses Universums, dieser Galaxie, dieses Sonnensystems in jeder seiner lichtvollen Schöpfungen enthalten, wenn auch nur mit einem ganz kleinen Teil.

Du bist ein Anteil eines großen Schöpferwesens. Letztlich ist es noch ein bisschen komplizierter, weil es verschiedene Dimensionen gibt, die wiederum unterschiedliche Schwingungsstärken haben. Wenn ein hohes Schöpferwesen sich nun nach unten in die Materie projiziert, durchläuft es verschiedene Schöpfungsdimensionen. In jeder dieser Dimensionen ist ein Teil von ihm enthalten. Auf der untersten Stufe befindet sich die körperliche Materie, das, was du als deinen Körper fühlst, unabhängig von der Welt der Natur der Bäume, Pflanzen und Steine. Diesen Weg bist du hinabgegangen, als du zur Erde kamst, und diesen Weg gehst du wieder zurück. Das ist der Aufstieg des sich oft nicht erkennenden Schöpferwesens, und es ist auch eine Vereinigung der verschiedenen Körper- und Dimensionsanteile. Mach dir das bewusst, wenn du wieder einmal tief in deinen materiellen Sorgen steckst. Auch wenn es dich vielleicht oft nicht beruhigt und dich die Sorgen vergessen lässt, versuche dir bewusst zu sein: Eigentlich gibt es das alles nicht. Es ist eine illusionäre Projektion eines Schöpfergottes, der du bist. Es sind erschaffene Erderfahrungen, durch die du dich über Äonen durchgearbeitet hast, mit vielen Schmerzen, mit Leid und Krankheit und viel Elend. Natürlich war auch viel Freude dabei, aber meistens hast du deine Erkenntnisse mit leidvollen Erlebnissen gemacht.

Die Frage, die sich jetzt stellt, ist: Bist du bereit, all das Leid loszulassen? Bist du bereit als Schöpfer, der du bist,

Erfahrungen lichtvoller zu machen? Voilà, wir betreten das Reich der Erleuchtung – die Erleuchtung eines menschlichen Wesens. Diese hat viele Facetten. Meine Partnerin spricht auch gern vom weiblichen Weg. Lasst uns in das Reich der wahren Sonne eintreten.

Wer sind „die anderen" um uns herum, und welchen Einfluss haben sie?

Nun rücken wir noch ein Stückchen näher zusammen. Nochmals der Hinweis, du bist, während du dies liest, in meinem Feld, das des sogenannten Saint Germain. Sogenannt? Ja, bin ich das denn wirklich oder bin ich gar jemand anderes? Hast du, wenn du in Kontakt mit einem geistigen Freund bist, einmal gefühlt, wie es ist, mit ihm verbunden zu sein? Könnte es sein, dass jeder von uns, auf der anderen Seite des Schleiers, ein eigenes Signet, einen eigenen Geruch, eine spezielle Ausstrahlung hat? Fühlen sich Jeshua, Kryon und Saint Germain gleich oder muten sie individuell an? Eine gute Frage, oder? Beginnen wir doch gleich bei mir. Ich bitte dich jetzt, tief ins Gefühl zu gehen. Nimm meine Anwesenheit mit all deinen Sinnen wahr. Du kannst mich fühlen, du kannst mich vor deinem inneren Auge sehen, du kannst mich hören, du riechst mich möglicherweise auch. Das sind deine Sinne, die du einsetzen kannst, um mich wahrzunehmen. Und – wie fühle ich mich an? Wie sehe ich aus? Wie rieche ich? Was flüstere ich dir jetzt zu? Die Anleitungen zur Kontaktaufnahme geben wir dir auch gleich mit: Schließe deine Augen, visualisiere einen Platz deiner Wahl, den du im Äußeren schon kennst. Vielleicht eine schöne Wiese. Halte mit deinem Fokus dieses Bild und gehe tief in dieses Szenario hinein. Spüre deinen Körper, reibe die Hände dort aneinander, sodass du ganz dort bist. Dann wandere umher und nimm die Gegend wahr. Du wirst auch bemerken, dass Bilder sich manchmal verändern. Dort, wo du jetzt bist, gelten andere Gesetzmäßigkeiten. Dann schnuppere mal. Wie riecht deine Wiese? Wie fühlen sich die Gräser, die Blumen und die Bäume oder Sträucher an, die sich dort befinden? Dies ist eine ganz alte Art, wie in den Mysterienschulen Schüler an die geistigen Ebenen geführt wurden. Du bist nun mit einem Bein auf deinem irdischen Platz, mit dem anderen, wie Kryon so gern sagt, auf einer anderen (ebenso realistischen Ebene). Ist das nicht wunderbar? Nun schaust du dich um und wirst bemerken, dass du nicht allein bist. Ich bin da. Ich hab mich in einem irdischen Körper auf deine Wiese begeben. „Das geht nicht", sagst du. Wieso soll das nicht möglich sein? Ich bin doch nicht mehr den physischen Gesetzen unterworfen. Ich kann mich fast überall bewegen, zumindest dort, wo ich mit meinen Schwingungskörpern schon sein kann, wo es für mich passt. Auch ich bin ja noch in der Erweiterung meines Bewusstseins.

Nun stehen wir beide auf der Wiese. Wie fühlt es sich an, mit mir so in Verbindung zu sein? Vielleicht ist das Bild, das du von mir hast, noch nicht so klar? Dann nimm deine geistigen Hände zur Hilfe und erfühle mich. Wir sind in einer höheren Ebene des Seins. Es ist nicht mehr die tiefe physische Ebene, die dritte Dimension. Wir treffen uns hier in einem höheren schwingenden Bereich. Wir agieren jetzt in der fünften Dimension. Dort gelten – wie gesagt – andere Gesetze. Die Form kann sich zum Beispiel schnell verändern. Schau mal, ich kann mich sofort in ein Pferd verwandeln. Vielleicht liebst du Pferde? Oder ich verändere mein Kleid in eine Katze. Vielleicht kommt es plötzlich in deinen Sinn, dass ich möglicherweise, um dich zu kontakten, auch einmal in dein Haustier eintreten könnte, um dir etwas zu vermitteln. Möglich ist es. Kennst du das nicht auch, dass sich Haustiere, auch Menschen plötzlich verändern, sich anders bewegen oder sich so verhalten, als wollten sie sich mitteilen? Dass Tiere durch Blicke, Gesten oder bestimmte Bewegungen fast menschlich erscheinen? Wir geistigen Helfer können selbstverständlich, wenn es nötig ist, auch dort kurzfristig in den Körper eintreten. Ist das verrückt? Nein, es mutet lediglich so an. Für uns hier in den geistigen höheren Ebenen ist es üblich. Wir tun dies nur, wenn es der Entwicklung der Erde und der Menschen dienlich ist, nicht um irgendeinen Spaß zu haben oder jemanden zu erschrecken.

Lass dir diese Botschaft einen Moment durch den Kopf sehen. Es zeigt dir, dass die physische Ebene und die höheren nicht voneinander getrennt sind. Es sieht nur mit deinem äußeren Auge so aus. Deshalb ist dein Gefühl ein besseres Barometer.

Nun stehe ich also vor dir. Wir haben das in den anderen Büchern mit Barbara ausführlicher erklärt. Hier nur zur Wiederholung: Du hast jetzt die Möglichkeit, mir die Hand zu schütteln, meine Haare zu berühren, mit mir zu scherzen, mir dein Herz auszuschütten und vieles mehr. Wir können selbstverständlich auch kommunizieren. Stelle deine Fragen, halte dann den Fokus auf mich, und die Antwort fließt in dich hinein, als Gedankenpaket oder als Gefühl. Dein wunderbares Konstrukt Gehirn schickt es dir dann sortiert, damit du es verstehst und es für dich einen Sinn macht.

Ich wollte dir vermitteln, dass ich Saint Germain bin, oder wie immer du mich nennen magst. Ich habe eine persönliche Note, es ist das Erfahrungspaket, was ich bin. Es ist das Ich-Bin. Das, was ich an den vielen Erfahrungen, die ich als Mensch hatte, das bin ich. Und – ich bin natürlich auch das, was ich vorher war. Nämlich eine Schöpferinstanz, die beschloss, Erderlebnisse zu haben. Ich bin nun ein ganzes Paket. Als ich beschloss, Erderfahrungen oder welche auf anderen dualistischen Planeten zu haben, auf denen man körperliche Erlebnisse haben kann, war ich eine andere Schwingung, ein anderes Schöpfungspaket, von anderen, noch höher schwingenden Wesen, Schöpfergöttern erschaffen. Dann begab ich mich mit einem Teil meines Seins in die tieferen Ebenen, um eben dies zu erleben. Als ich zurückging in die höheren Ebenen meines wahren Seins, als ich feststellte, wer ich wirklich bin, bemerkte ich auch noch etwas ganz anderes: Ich war nun nicht mehr die, die ich vor der physischen Reise war. Ich hatte gewonnen, ich wurde runder, vollständiger, eben anders. Das ist wie ein irdisches Leben, grob verglichen: Als Baby oder Kind hast du längst nicht die Erfahrung und auch den Überblick, den du hast, wenn du erwachsen bist. Nun stell dir dies noch umfangreicher vor. Ich bin mir allem bewusst, was ich erlebt habe. Ich habe es ständig in meinem Bewusstsein. Doch es beeinflusst nicht mehr mein Leben. Ich kann diese Erlebnisse jederzeit abrufen und sie als Erfahrungswerte nutzen. Ich bin nun nicht eine, ich bin ganz viele. Und ich bin im Bereich der Aufgestiegenen Meister.

Wir hier haben alle noch Körper, wenn wir wollen, und wir können sie wählen, wir erschaffen sie und verändern sie je nach Bedarf und Arbeitseinsatz. Und du, der du dies hier liest, wirst auch bald diesen Bereich erleben. Weil du dich in dem Bereich der höheren Ebenen mit einem Bein bereits aufhältst. Du ziehst langsam das andere nach. Das ist so besonders an diesem Weg der Erde. Es ist eine Verlichtung des eigenen Seins, hin zur alten Existenz, gespickt mit neuen Einsichten. Diese Einsichten sind aus der Reise in physischen Kleidern. Lass dies auch noch ein bisschen in deinem Verstand kreisen. Es ist vielleicht nichts Neues für dich, aber es ist wohl noch nicht ganz in deine Zellen als Erkenntnis gelangt. Je mehr dies sackt, desto mehr verstehst du, was zu tun ist: Du musst deinen physischen Körper nebst seinem ätherischen Doppel und dem Emotional- und Mentalkörper in eine Verlichtung bringen, das heißt diese inneren Reisen, den Kontakt mit mir verstärken. Genieße nun noch einen Moment unser Treffen auf deiner Wiese. Vielleicht musst du plötzlich laut lachen, weil dir klar wird, was wir die ganzen Jahre versuchen, euch zu vermitteln: Ihr seid die Meister, wir sind die Diener. Und so mancher Diener schüttelt manchmal zwar voller Mitgefühl, aber doch mit einer Verständnislosigkeit den Kopf und denkt sich: Was kann ich noch tun, meinem Herrn zu vermitteln, dass er der Boss ist, dass er bestimmt, was in seinem Leben passiert? Wo muss ich ihm auf die Füße treten oder gar einen Krug Wassers umschütten, damit er erwacht?

Wenn ich so mit dir arbeite, ob wir uns nun auf der Wiese sehen oder du dich mit mir auf einem Spaziergang unterhältst oder mich bei einer Heilungsarbeit oder bei deiner wissenschaftlichen Dissertation um Rat fragst, es ist immer eine Verbindung von oben nach unten, von unten nach oben. Wir wechseln sozusagen die Schienen des fahrenden Zuges. Oder wir rufen uns etwas zu vom Tal hoch oben zur Bergspitze. Es ist manchmal etwas schwierig für dich, es zu glauben, aber es ist ein kosmisches Gesetz: Nichts ist allein für sich, niemand lebt allein, nichts passiert allein. Alles ist mit Allem verbunden. Wenn man sich das immer wieder bewusst macht, versteht man, dass es nur ein Feld gibt. Es gibt keine verschiedenen Leben, Seinszustände, alles ist ein Leben. Lehne dich zurück und versuche, dir dies auch verständlich zu machen. Das bringt mit sich, zu verstehen, dass alles aufeinander wirkt. Wenn sich jemand, wie du beispielsweise, für den Weg in die höheren Ebenen interessiert, wenn er den Ruf von zu Hause vernimmt, sind immer Helfer da. Auch das ist ein kosmisches Gesetz. Früher konnte man sie erst ab einer bestimmten Entwicklungsstufe sehen, hören oder fühlen.

Seit der Harmonischen Konvergenz 1987 sind eine große Anzahl Helfer da, die immer dann kommen, wenn ein Planet aufsteigt. Du bist also von Familienmitgliedern umschwärmt. Alle wollen deine Neuausrichtung an das Göttliche Feld. Wir haben am Ende des Buches ein paar kleine helfende Verbindungsstützen angegeben. Ich sage bewusst nicht Übungen. Das Wort Übungen sagt schon: Man übt... Ich möchte dich nicht zum Üben bewegen, sondern zum überzeugten Handeln. Das ist die wichtige Paradigmenveränderung dieser Zeit: Götter erkennen, dass sie Götter sind. Nun verbeuge ich mich vor dem Gott, der du bist, und möchte weiter deinem Gedächtnis ein wenig auf die Sprünge helfen.

Wir alle hier auf der höheren Ebene möchten erreichen, dass ihr autark, selbstbewusst – und nicht geduckt – am irdischen Leben aktiv und verantwortungsbewusst teilnehmt. Wir möchten, dass ihr versteht, dass alle inneren Aktivitäten sich im Äußeren spiegeln. Keine innere Aktivität bleibt unbeantwortet, ungespiegelt und ohne Wirkung.

Nehmen wir an, du unterhältst dich auf der Wiese nicht nur mit mir, sondern auch mit Rafael, dem Schwingungswesen der Heilkunst. Du sprichst beispielsweise mit ihm über deine Sorgen bezüglich deiner schlechten Verdauung. Du fragst ihn, warum du so schlecht verdauen kannst, du vermutest eine Unverträglichkeit von bestimmten Lebensmitteln. Vielleicht bittet Rafael dich auf einen Stuhl auf deiner Wiese und lädt dich zu einem Gespräch ein. Er vermittelt dir, dass keine Unverträglichkeit von Lebensmitteln vorliegt, sondern dass du dein Umfeld nicht verträgst. Er verweist dich auf deinen Arbeitsplatz und auf die Art und Weise, wie dort gearbeitet wird. Er zeigt dir, welche Stimmungen sich auf dein Verdauungssystem schlagen und was du nicht verdaust. Hm, das hättest du nicht gedacht. Nun wird sich diese Erkenntnis in deinem System, das, was du irdisch gewählt hast, ausbreiten, möglicherweise geht es auch noch in Resonanz mit anderen Erfahrungen ähnlicher Art, die auch in „vergangenen" Leben erlebt wurden. Alles ist ja jetzt, es gibt keine Vergangenheit. Das meinst du nur, weil du Raum und Zeit als deinen Erfahrungsrahmen gewählt hast. Du spürst nun in dir, wie diese Diagnose von Rafael dich berührt, dir wird einiges besser verständlich. Gleichzeitig wird Rafael dir vielleicht auf deine Lösungsfrage hin Tipps geben, was du tun kannst, damit es dir besser geht. Die Spannbreite ist groß. Je nach deinem Entwicklungsstand wird er dir Ratschläge vermitteln. Erst einmal vielleicht körperliche, wie Entspannungsübungen, er gibt dir sicher auch eine kleine Schwingungsheilsitzung, damit hat er dein Feld ausgeglichen. Dennoch wird er sicher Empfehlungen geben, denn ein Ausgleich deines Feldes wird nicht halten, wenn du weiterhin taten- oder reaktionslos dein berufliches Leben fortführst. Er wird dir – eben jeweils deines Bewusstseinstands entsprechend – empfehlen, die Ursache mit Verständnis, dem weisen höheren Blick zu beleuchten, vielleicht aktiv verbal Änderungen einfordern oder gegebenenfalls zu schauen, ob du überhaupt noch am richtigen Platz bist. So wirkt die geistige Ebene auf die physische. Das war eine für dich bewusste Art zu erkennen, wie die verschiedenen Ebenen miteinander verwoben sind und zusammenarbeiten.

Das ist beliebig erweiterbar. Dann gibt es noch die unbewussten Beeinflussungen aus den Ebenen, die für dein physisches Auge nicht wahrnehmbar sind. Da ist erst einmal das Feld, in dem du lebst, das Feld der Erde, das formbildende, auch morphogenetisches Feld genannt, wo alles, was hier jemals geschah, gespeichert ist. Dort nähren sich alle Menschen immer, meist weniger bewusst. Sie bewegen sich in diesem Feld und spielen das Spiel, das andere auch spielen: Es ist Ursache und Wirkung, basierend auf Gut und Böse. Das ist dir gut bekannt. Horche spontan jetzt in dich, inwieweit du darin noch unbewusst verhaftet bist.

Dein Ziel ist, das irdische Erfahrungsspektrum zu beenden. Du möchtest zurück in dein bewusstes Sein, in dein Schöpferpotenzial, dieses Wesen, das du bist. Dieses Sein, das sich im Feld von allem, was ist, bewegt. Dass mal so eine und mal eine andere Form annimmt, wie es passt, wie es nötig oder möglich ist, um dann auch vielfach im Nichts zu sein. Kannst du dir vorstellen, wie es ist, einfach im Nichts zu sein? Wir wollen es später intensiver beleuchten. Nun lass es in dir arbeiten. Manchmal wirst du feststellen, wie es auch in unseren Seminaren passiert, dass so eine Art Energiearbeit, die ich mit dir mache, müde macht. Du beschließt, dieses Buch beiseite zu legen. „Ich muss raus in die Natur oder ein paar irdische Dinge tun", ist deine Eingebung. Das kosmische Sein, das du bist, weiß immer, wann was passt, wann etwas genug ist, es kennt dich, es ist ja du!

So beeinflusst alles jedes. Nichts ist für sich allein. In der astralen Ebene, dem Bereich, wo die Menschen sich hinbegeben, wenn sie den Körper verlassen, gibt es viele Bereiche, je nach Bewusstseinszustand desjenigen, der das Kleid ablegt. Dort herrscht meist Unbewusstheit. Warum? Weil – wie immer wieder gesagt werden muss – das Wesen, das hier eine physische Erfahrung macht, ins Vergessen gestürzt wird. Das gehört zum Spiel dazu. Dennoch wirken all deine Erfahrungen, die du gewesen bist und vielleicht noch sein wirst, auf dein wahres Sein. So sind alle Leben, die du warst, als Erfahrungsaspekte, als Energiekonstrukte lebendig. Sie tummeln sich dort im astralen Bereich als Elementale, als Gedankenformen, um sich dann irgendwann zu versammeln, wenn du den Bereich ganz verlässt, wie Familienmitglieder, die einen Umzug machen wollen und ihr Hab und Gut zusammenraffen. Verlass die Idee, dass dieses Geschehen äußerlich viel sein müsste. Stelle dir als Vergleich einfach vor, ich habe auf deiner Fingerspitze Platz. Das ist fast komisch, nicht wahr? Aber hier gelten eben andere Gesetze.

Nun gibt es im astralen Bereich auch Ebenen, in denen Wesen leben und agieren, die sich von den Menschen das abholen, was sie dringend brauchen: Energie. Das können verschiedene Arten sein. Energie ist lediglich ein Oberbegriff von dem Stoff, aus dem alles ist. Vielleicht brauchen diese Wesen Liebe, Mitgefühl, Geborgenheit. Es können aber auch Versuche sein, sich von Leid, Trauer, Gier, Eifersucht und Ähnlichem zu nähren. Es gibt so viele Schöpfungen, wie es Ideen und Gedanken gibt. Löse dich dabei von Vorstellungen, die dualistisch sind. Es ist einfach Schöpfung. Nicht gut, nicht böse, es sind Kreationen, so wie du eine bist. Du sitzt irgendwo, liest diese Zeilen und hast ein bestimmtes Bild von dir, was du bist. Das ist eine äußere Messlatte, die du ansetzt, stimmt's? Doch wer bist du wirklich?

So sind in den verschiedenen Ebenen, die euch hier durchdringen, alle möglichen Arten von Verbindungen zu den Menschen. Meistens seid ihr euch dessen nicht bewusst. Alles ist miteinander verbunden. Ich habe hier lediglich ein paar Verbindungen aufgezeigt. Das Wichtige für dich zu verstehen, ist, du selbst bist interdimensional. Viele Anteile deines Seins, auch Elementale (eigenständig agierende Gedankenformen) befinden sich auf anderen Dimensionsebenen, auch in unterschiedlichen Schwingungsebenen. Alle agieren mit dir, ob bewusst oder unbewusst. In dieser Zeitschiene der Entwicklung der Erde kannst du deine vielen Anteile bewusst beeinflussen, indem du ihnen die Botschaft schickst: Wir gehen nach Hause, wir reisen mit unserem wahren Sein in die höheren Ebenen mit dem Ziel, in das Feld der Einheit zu verschmelzen. Das ist ein langer Weg, doch einen Schritt in die Richtung tust du jetzt, indem du dein Bewusstsein erweiterst. Innere Reisen, wie zum Beispiel mich zu besuchen oder deine nächsthöhere Instanz, verlichten dich, bringen deine Anteile in deine Richtung, damit ihr verschmelzen könnt. Stell es dir ganz einfach so vor: Dein Körpersystem hat viele Speicherungen, die sollen nicht gelöscht, sondern geglättet werden, damit sie nicht mehr dein Leben hier dirigieren. Transformiert sind sie da, aber manipulieren nicht mehr. Licht, das Göttliche Licht, regiert und hat die höchste Priorität. Wo immer dieses Licht agiert, wird das andere, was ihr auch Schattenanteile oder alte Speicherungen und Muster nennt, geglättet, harmonisiert, kurz verlichtet. Verstehst du das? Dann kannst du viele von deinen irdischen Wegen der Transformation und Heilung sanft beiseite legen. Heilung geschieht durch Verlichtung. Alle anderen Heil- und Klärungsweisen der letzten Jahre sind Wegweiser, aber keine Werkzeuge. Das Werkzeug bist du selbst, nur du.

Nun lehne dich ein bisschen zurück und resümiere: Ich bin Licht, alle Anteile meines Seins, die sich physisch wo auch immer tummeln, haben das Ticket für die Heimreise von mir bekommen. Ich verschmelze langsam mit ihnen. Alle Aktivitäten in höher schwingenden Ebenen meinerseits, auch wenn ich es nicht weiß, sind meine Interdimensionalität. Letztlich gibt es mich nicht als Einzelwesen, ich bin mit allem verbunden. Wir sind eine Suppe. Die Reise nach Hause heißt, meine vielen individuellen Erfahrungen zu glätten, zu integrieren und meine vielen kleinen Egos loszulassen und mit mir zu verlichten.

Willkommen im Feld der Einheit. Ich zeige dir, was Einheit ist. Begib dich noch mal auf die Wiese, wo ich stehe. Ich lege dort meine Hand auf dein Herz. Du machst es dir irgendwo bequem, schließt deine Augen, nimmst uns wahr, lässt auch das los und lässt dich von mir in das Feld der Einheit führen. Jetzt. Du wirst zum Nichts. Möge dies auch nur im Moment oder für kurze Zeit sein. Es ist der Duft von zu Hause, und den wirst du nie wieder vergessen.

Das globale und das individuelle Erwachen

„Nichts ist so, wie es scheint", vermittelt ein Ausspruch des weisen, geistigen Lehrers Kryon. Er sagt es in Bezug auf die Entwicklung der Erde und des Sonnensystems. Wenn ihr heute um euch herum schaut, seht ihr viel Krieg. Krieg, der auch mit Waffen jeglicher Art ausgefochten wird. Es sind welche dabei, die ihr nicht kennt, die man euch auch nicht öffentlich erklärt, die aber das sind, was ich energetische Kriegsführungsinstrumente nenne. Es beinhaltet Gedankenkontrolle, Gedankenmanipulation und auch eine Infiltrierung von zerstörenden Gedanken in das Körpersystem der Menschen und in die Struktur von Städten, Gebäuden und Institutionen. Alles beginnt im Geist, um sich dann auf der physischen Ebene zu manifestieren. So ist eine künstliche Gedankeninitiierung eine Manipulation. Die geschieht im Kleinen wie im täglichen Leben ebenso. Den Krieg im Hause würde ich es nennen. Durch das, was mit all den Medien, die ihr in euer Leben lasst, am Laufen gehalten wird. Die Manipulation deiner Meinung geschieht durch die Medien, auch wenn du es vielleicht nicht immer gleich bemerkst. Aber es findet statt. Denke nur einmal darüber nach, was du über Terrorismus weißt. Woher stammen die Informationen, die deine Meinungen bilden? Aus irgendeinem Medium dieser Zeit. Diese Informationen sind lanciert, gesteuert und ganz gezielt zusammengestellt. Und – sie sind mit Angst und Emotionen unterlegt. Das macht den Menschen gefügig. Über Angst geht vieles von dem, was euch verkauft wird. Eine Absicherung wird euch empfohlen. Doch – es gibt keine Absicherung. Ich sage dies alles nicht, um euch ebenfalls in Angst zu versetzen. Ich erzähle es, damit ihr es wisst. Es geht um sachliches, klares Wissen und Erkennen. Manipulationen geschehen, um Krieg zu erzeugen. Die Manipulation geschieht auch im Kleinen, erscheint subtil, ist aber sehr wirksam. Damit schaffen es die Oberen, euch alle möglichen Dinge aufzuschwatzen, eure Stimmen zu bekommen, wo sie sie noch brauchen. Wenn ihr gefragt werdet, warum ihr noch Bargeld braucht, wird man euch mit vielen Argumenten versuchen, klarzumachen, wie sicher es ist, ohne dies zu sein. Sicherheit ist immer ein wirksames Argument, um etwas durchzusetzen. Der Hintergrund, warum das Bargeld abgeschafft werden soll, liegt auf der Hand und kann mit einem Begriff umschrieben werden: Kontrolle und subtile Kriegsführung.

Wenn ich von der so wichtigen Freiheit spreche, meine ich wirkliche Freiheit. Die beginnt damit, dass alle Menschen auf diesem Planeten selbst entscheiden dürfen, was sie wie, wo leben wollen. Und es muss garantiert sein, dass genug Mittel zum Leben da sind, damit die Grundbedürfnisse befriedigt sind. Es muss möglich sein, seine Meinung zu äußern, ohne in den Kerker zu wandern. Und man muss einen Platz zum Leben haben, ohne dafür horrende Preise zu zahlen. Wenn diese Dinge gewährleistet sind, kann der Mensch in der Dualität spielen, soviel er will. Wenn diese Grundbedürfnisse befriedigt sind, werden viele niedere Charaktereigenschaften schwinden bzw. sanft und zart dahinschmelzen. Sie setzen keine große Energie frei, weil der Stoff fehlt. Menschen, die ihre Grundbedürfnisse befriedigt bekommen, sind relativ zufrieden. Ob sie sich dann für größere Ziele und Bedürfnisse von Macht und Dinge-haben-Wollen entscheiden, ist ein Spiel der Dualität. Viele Menschen würden aber, wenn sie das Grundsätzliche zum Leben zur Verfügung haben, sich sicher öfter still in die Ecke setzen und sinnieren, warum sie hier sind und was sie tun können. Freie Zeit reizt zum Sinnieren, zum Philosophieren und sich mit den Künsten zu beschäftigen, um sich kreativ auszudrücken. In der heutigen Zeit sind viele Menschen nicht fei, weil sie damit beschäftigt sind, sich ein sicheres Feld zu erschaffen. Das hält sie in Gang, auf einer festen Spur. Ein Blick nach links und rechts ist zeitlich meist nicht möglich. Oft sinken Menschen erschöpft abends in ihre Schlafstatt – wenige Menschen verfügen übrigens über ein Bett. So verlassen viele diesen Planeten, beenden ihr Leben, ohne jemals den Sinn des Erdenlebens zu erfragen.

Was ändert sich nun in dieser Phase der Erdevolution? Beginnen wir damit, dass – da sind die Medien von Vorteil – vieles unter den Menschen kommuniziert wird, was früher nur Eingeweihte, Auserwählte zu lesen und zu hören bekamen. Die Kungeleien, Kriegsinitiativen und Korruptionen werden aufgedeckt. Die Linien der Initiatoren lassen sich zurückverfolgen. Man kann zwar nicht alle Hintermänner erkennen, doch es ist vermutbar, wie was wo, wie läuft. Interessant, nicht wahr? Viele von denen, denen man früher den Mantel der Führsorglichkeit und Verantwortung Menschen gegenüber abnahm, stehen jetzt im Rampenlicht wegen Manipulation mit der Göttlichen Liebesenergie. Viele brachten und bringen ihr Schäflein weiterhin ins Trockene, um in Sicherheit zu sein. Auch hier trifft man auf dieses Thema. Wer vorn an der Macht steht, ist manipulierbar durch Sexualität, Geld und Macht. Jeder hat irgendwann irgendwo einmal gefehlt. Das ist von anderen heimlich dokumentiert worden und dient für Erpressungen. So könnte ich euch alle Politiker diesbezüglich darstellen. Interessant ist, nicht wahr, dass wir hier auf der anderen Seite des Schleiers nicht viel tun müssen, um das zu entlarven? Denn es geschieht jetzt von ganz allein. Die hohe Energie aus dem Zentrum der Galaxie macht es, sie nimmt die Säuberung in die Hand. Sie holt alles nach oben, was nicht in Klarheit und Liebe ist, der Schöpferkraft von allem, was ist. Die Dualität drückt sich deshalb im Moment sehr stark aus. Viele Kräfte offenbaren sich. Viele Menschen stehen auf, weil sie Forderungen an die Mächtigen stellen. Dennoch entwickelt sich auch etwas, das man nicht überall lesen kann: Die Herzen der Menschen öffnen sich. Nicht nur Gewalt, Empörung und Demonstrationen des Frustes und der Angst setzen sich frei. Das Herz, der wichtigste Platz eines jeden Menschen, erwacht. Es ist das Zentrum eines jeden Menschen. Dieses Zentrum ist die Verbindung zu Gott, zu dem Schöpfer dieses menschlichen Körpers und auch der Seelen, die hier unterwegs sind, um zu lernen. Irgendwer oder irgendetwas hat dieses ganze Szenarium hier erfunden, initiiert, in Gang gesetzt, oder was meinst du? Warum findet das alles hier statt? Wer oder was hat das alles konstruiert? Wer wollte spielen? Du selbst vielleicht? Bist du ein Schöpfergott, der sich selbst erfahren wollte? Jawohl, du bist es. Ob du die Erde mit erschaffen hast? Vielleicht, möglich ist es. Einige von denen, die jetzt hier inkarnieren, sind die hohen Schöpfer dieses Spiels, selbst tief in dies alles eingetaucht, und haben vergessen, wer sie sind. „Das ist unvorstellbar", meinst du. Und doch ist es so. Wenn du dich öfter mit diesen Gedanken beschäftigst, bekommst du eine andere Sichtweise für alles Geschehen. Das ist es, was wir wollen, das ist unser Ansinnen. Du gehst mehr in Gelassenheit, in den eigenen inneren Frieden. Und – du kommst in deine Klarheit und wirst immer mehr wissen, was du möchtest.

Lasst uns noch ein bisschen tiefer in die Dualität des Planeten Erde schauen. Was wird hier gelebt? Richtig: das Gute und das Böse. Was wäre, wenn sich dies abschwächt? Wenn jeder von euch die Gedanken des anderen lesen könnte und sich bewusst ist, was sie / er möchte, dann kann man sich verständigen, nichts bleibt geheim. Es gibt keinen Zwang mehr, etwas heimlich zu tun, weil es alle wissen. Was resultiert daraus? Es macht keinen Sinn, Krieg zu spielen. Das ist es, was hier auf dem Weg zu den Menschen ist. Wenn viele Menschen ihre eigenen inneren Fähigkeiten kennenlernen, dann ist der Weg in die Freiheit nicht weit. Noch wird hier getobt, gemordet, gekidnappt, es wird gehurt, erpresst, manipuliert, was das Zeug hält. Die vielen unwissenden Seelenaspekte des Höheren Selbst, die hier inkarniert und junge Seelen sind, machen mit. Sie tummeln sich in der Dualität, weinen, lachen und beten. Sie beten für ein besseres Leben. Die meisten Religionen haben den Menschen vermittelt, sie seien nicht würdig. Sie müssen den Gott, der reiner und besser ist als sie und außerhalb von ihnen lebt, anbeten, um ein besseres Leben betteln. Ihnen wird vermittelt, dass Gott weiß, was gut für sie ist und es ihnen gibt, wenn sie demütig und ergeben alles hinnehmen. Das wiederum hindert sie, in die Eigenverantwortung zu gehen. Was glaubst du, wie viele Menschen sich noch vor einem äußeren Gott verbeugen? Gut dreieinhalb Milliarden Menschen tun dies zurzeit. Sie warten auf das Gute, das kommt, auf die Gnade des Gottes und auf den Erlöser. Sie wissen nicht, weil man es ihnen nicht sagt, dass der Gott in ihnen wohnt und dass sie selbst der Erlöser sind.

Wo Krieg ist, ist auch Frieden. Menschen streben den Frieden an. Doch wie schon verwähnt: Wer auf der dritten Dimensionsebene Frieden erbittet oder anstrebt, der zieht den Krieg nach sich. Es ist immer wieder die dualistische Komponente, die ins Spiel kommt. Krieg und Frieden können sich nur vermählen und eins werden, wenn die Dualität sich abschwächt, und das kann nur sein, wenn das Spielfeld höher schwingt.

Nun geht die Erde in eine höhere Schwingungsebene. Jetzt ist das Erwachen der Menschheit in vollem Gange. Es sieht nach vielem aus, was nicht gut ist, nicht homogen, nicht menschenfreundlich. Ja, so ist es. Dennoch ist das Licht am Wirken. Wir empfehlen immer gern, sich alle Kriegsgebiete und alle ähnlichen Situationen, auch in den Familien, tiefer anzugucken. Der höher schwingende Frieden, das Miteinander friedlich zu existieren, ist in Sicht. Es steht am Rande, doch es hat sich noch nicht durchgesetzt. Aber es ist auf dem Weg. So sind alle Geschehnisse jetzt auf der Erde etwas Transformatorisches. Es sind die großen Geburten, die sich jetzt anbahnen. Die Menschen sind schwanger. Sie gebären etwas Neues, sie gebären ein wahres humanitäres Leben hier auf diesem Planeten. Das ist sicher, das wird geschehen. Es ist ein Paradigmenwechsel, der ansteht. Doch zuerst müssen alte Geschehnisse aus den Zellen der Erde aufbrechen, Kriegspotenzial aus ganz alten Erlebnisschienen müssen gehoben und erlöst werden. Blockaden, auch die, die von Menschen und außerirdischen Wesen gesetzt wurden, müssen transformiert werden. Doch das braucht seine Zeit. Die Erde und die Menschen müssen loslassen. Ein Umdenken braucht Entwicklung, dass Alte muss sich lösen, damit das Neue, lichtvolle Helle sich ausbreiten kann. Das ist es, was jetzt hier im Moment geschieht.

Natürlich braucht es Menschen, die aus sich heraus diesen Umschwung durch ihre eigene Transformation unterstützen. Was ist es, wenn Menschen den Wunsch haben, in die Glückseligkeit zurückzugehen, in die Erleuchtung, in das Feld der Einheit? Ist es eine Flucht oder ist es eine neue Art, der Erde und der Menschheit dienlich zu sein? Wie gefällt dir die Vorstellung, dass du die Reise nach Hause antrittst, das Licht der Einheit anvisiert, dich auf diesem Pfad bewegst, um dann mit dieser Erfahrung und diesem Licht hier wieder ein festes Bein auf den Erdboden zu setzen, um anderen dienlich zu sein? Dein Licht, egal, wie weit du dich in die Einheit begibst, hilft anderen. Es ist nicht so wichtig, ob du das in einer Firma tust, im Kindergarten, in der Schule, im Haushalt, beim Autowaschen oder abgeschieden in der Natur. Du kannst es nicht in die Bewertung bringen und sagen: Das ist gut, das ist wichtig, das muss sein. Denn – das Ganze ist einfach, es geschieht, das Licht wirkt immer dort, wo du dich aufhältst. Das muss dir ganz bewusst werden. Damit gehen auch viele Wertungen. Denn oft wird ein Mensch damit bewertet, damit identifiziert, was er tut, wo er lebt, wie er sich im Leben ausdrückt. Abgesehen auch von dem, was er hat. Du weißt schon, mit: mein Auto, mein Haus, meine Familie ...

Es spielt keine Rolle, wo wer und was mit dem Licht einhergeht. Schließe einen Moment die Augen. Sieh dich vor deinem inneren Auge als das, was du wirklich bist. Licht. Dieses Licht wandelt in deinem täglichen Leben umher. Wenn du einen Tagsablauf als Beispiel nehmen willst, gern. Wo bewegst du dich, wohin gehst du, wo tust du was? Beobachte dein Licht, das du bist, wie es sich bewegt, wo es vielleicht sich mit einem anderen Menschen oder einem Geschehnis vereint, in denen es ein bisschen mit grauer Unklarheit infiltriert wird. Das sind Situationen, wo du unsicher bist, in denen du schwierige Situationen bewältigen musst. Aber dein Licht stabilisiert sich immer wieder. Ist das nicht wunderbar? Gottes Licht versagt nie! Das ist ganz sicher. So bist du vielleicht eine erleuchtete Lichtgestalt, die auf der Erde wandelt. Hast du dein Leben schon einmal unter diesem Aspekt gesehen?

Ihr lebt hier in Europa in irdischen Gefilden, die relativ sicher sind. Zurzeit ist hier kein Krieg, und es ist auch nicht so geplant von denen, die noch die Fäden ziehen möchten, dennoch brodelt es in allen Ländern Europas. Die Medien sind voll davon. Alles wird als Kampf innerhalb des Eurobereiches ausgegeben. Das ist es nicht. Es hat einen globalen Hintergrund. Diese genauen Hintergründe sind erkennbar, wenn man sich mit dem weltweiten Geldmarkt beschäftigt. Wo liegen die Ressourcen? Wer möchte was für sich in Anspruch nehmen? Es macht keinen Sinn, damit viel der kostbaren Zeit zu verwenden, die du für dich selbst nutzen könntest. Ich sage es deshalb, weil einige von euch eine gewisse Ohnmacht empfinden, wenn sie sich informieren wollen, die Zusammenhänge zu erkennen. Es ist viel irdisches Wissen vonnöten, um die verqueren Wege der Wirtschaft zu verstehen. Doch aus dem Herzen sehend sage ich euch, es ist ganz einfach: Einige wenige wollen bestimmen, was wo geschieht, welches Land involviert ist. Als Einzelner scheint man dagegen wenig tun zu können. Das scheint lediglich so. Wir versuchen euch immer wieder zu vermitteln, dass alles im Geist beginnt. Ein jeder muss sich nur ausrichten, und die Frage ist: Wohin richtest du dich aus? Alles hier ist wie in einem großen Theaterspiel. Es scheint so, als sei es unter anderem auch eine Absicht, weiterhin die fossilen Brennstoffe zu fördern. Dabei weiß ein jeder, sie sind nicht endlos abbaubar. In Wahrheit, ich nenne einfach nur ein Beispiel, geht's um etwas anderes. Man hält das Theaterspiel aufrecht, man beschäftigt die Menschen, ihre Gedanken, ihr Tun. Und – wenn es um bestimmte Plätze geht, die eingenommen und besetzt sind oder werden sollen, hat es vielleicht auch etwas mit energetischen Kreuzpunkten zu tun, die man halten möchte. Was wäre wohl, wenn die Menschheit wüsste, dass an einigen heiligen Stätten der Erde Dimensionstore wären, wo Menschen in andere Dimensionen reisen können? Hm, das ist eine spannende Sichtweise, oder?

Das individuelle Erwachen eines Menschen läuft darauf hinaus, dass es nicht um das Wissen geht. Es gibt heute kein Geheimwissen mehr. Es gibt für alle, die es möchten, unzählige Möglichkeiten, das wahre Sein in den höheren Ebenen kennenzulernen. Nur – es muss individuell geschehen. Jeder muss sich eine innere Brille aufsetzen und sich selbst ergründen. Wer sich selbst erkennt, erkennt die Welt, das Leben, erkennt Gott. Wohlan, du hast die Wahl. Du kannst dich über die äußeren Vorkommnisse aufregen, ärgern, kannst protestieren (ist manchmal auch empfehlenswert), dennoch findet der Beginn einer jeden Veränderung im Geist statt. In deinem Gehirn, in deinen Denkweisen, in deinen Überzeugungen, deinen Erziehungsrastern, kurz in dem, was du bisher gelebt hast. Erwachen heißt auch, alles infrage zu stellen und mit der inneren Brille nach neuen Ufern zu schauen, die human, interdimensional und kreativ sind. Du erschaffst mit deinen Gedanken, diese Erkenntnis muss sich wie eine Brandmarke in dir festigen. Du bist der Schöpfer deiner Welt, indem du denkst, imaginiert, visualisierst, deine Herzenskraft aktivierst. Und – leider ist es so, dass man es anderen, die mit einem leben, nicht unbedingt vermitteln kann. Es ist individuell, wer wie erwacht.

Dennoch ist die Kraft eines jeden Einzelnen nicht zu unterschätzen. Irgendwann fallen Überzeugungen der Massen um, weil das Zünglein an der Waage aktiv war. Ich bin nun ganz sicher, dass du beginnen wirst, dein Leben zu durchleuchten. Beginne am besten sofort!

Das Höhere Selbst und sein Wirken

Wir haben bereits in anderen Schriften viel über das Höhere Selbst berichtet. Wir haben Möglichkeiten aufgezeigt, wie du in die Verbindung zum Höheren Selbst kommst. Aber natürlich darf in diesem Buch auch das Beschreiben des Höheren Selbst nicht fehlen. Es ist doch der Schlüssel zu deinem weiteren Weg. Es gibt so viele Arten der Verbindungen, wie es Menschen gibt. Jeder macht dies nach seinem eigenen inneren Weg – so wie er konzipiert ist, wie die Vergangenheit ihn prägt. Wir wollen erst einmal wieder tief ins Gefühl gehen. Ich lege meine Hand auf dein Herz und nehme dich ganz intensiv in mein Feld. Stell dir vor, wir sitzen auf einem Sofa und trinken gemeinsam ein Tässchen Tee oder Kaffee: Du möchtest dich gern mit mir unterhalten, und ich mich mit dir. So gehen wir gemeinsam eine Verbindung ein. Nicht nur verbal, sondern auch energetisch. Wir sitzen sozusagen Seite an Seite, hautnah verbunden und erfreuen uns an dieser Begegnung. In einem höher schwingenden Feld zu sein, ist wichtig für die Verlichtung deines Körpersystems. Wenn wir so zusammen sind oder du bist es mit einem anderen aufgestiegenen Wesen deiner Wahl, dann ist es wie auf einem Floss, mit der Energie von zu Hause dahin zu gleiten. Sanft und dennoch voller Kraft des EINEN. Wenn du etwas unkonzentriert bist oder gerade mal wieder den Kopf voller Gedanken hast, dann lege gern auch deine Hand auf dein Herz. Schließe vielleicht noch die Augen, damit du ganz loslassen kannst. Ich nehme dich jetzt mit auf eine Reise: Die Reise nach Hause wurde es oft genannt. Die nächsthöhere Stufe der kosmischen Leiter ist dein Höheres Selbst. Es lebt nicht in der 3. oder 4. Dimension, es schwingt mit einem Teil in der 5. Dimension. Es hat aber nicht alle Anteile dort deponiert, sondern die wiederum sind in einer noch höheren Ebene der Schöpfung. So bist du, wenn DU es genau nimmst, nur mit einem kleinen Teil hier auf der Erde anwesend. Der größere Teil von dir ist in den anderen Dimensionen.

Dennoch ist nichts voneinander getrennt, es ist miteinander verbunden und agiert untereinander. Das bestätigt wieder das, was ich schon vermittelte, du bist ein multidimensionales Lichtwesen, das auf vielen Hochzeiten tanzt und alle Hochzeiten sind ineinander verbunden. Sie wirken als EINE. Deshalb mach dir auch bewusst, dass du nie genau wissen kannst, was du gerade tust, ganzheitlich gesehen. Deine irdische Präsenz ist im Moment vielleicht auf einem Sessel, einem Stuhl. Deine weitere Präsenz sitzt mit Saint Germain auf einem interdimensionalen Sofa. Deine nächsthöhere Präsenz, dein Höheres Selbst, befindet sich vielleicht in einem Haus am Meer, nicht auf der physischen Erde, sondern auf der fünfdimensionalen Ebene. Deine nächsthöhere Instanz sitzt möglicherweise mit anderen Aufgestiegenen an einem Tisch und diskutiert die Gefährlichkeit der atomaren Versuche auf der Erde. Von diesen Anteilen deines Seins, von den Kernsubstanzen, sind wiederum noch abgespaltene Anteile in Unterdimensionen der Dimensionen, in Parallelwelten und vieles mehr anwesend. Sich selbst ganz zu verstehen, ist wohl unmöglich. Aber du kannst dich so weit klären, dass du im Geiste einiges nachvollziehen kannst, was ich hier schildere. Die Frage ist nur, ob es notwendig ist, um hier auf der Erde ein harmonisches Leben zu führen, sich all seiner Anteile und dem Tun bewusst zu sein. Ich plädiere dafür, sich immer selbst zu sagen: „Ich werde wissen, was ich wissen muss. Ich werde zum richtigen Zeitpunkt am richtigen Platz sein. Ich werde mich verlichten und mit meinem nächsthöheren Anteil, meinem Höheren Selbst, verschmelzen."

Alles Weitere ergibt sich. Führe dir noch mal vor Augen, dass immer, wenn ein Planet aufsteigt, viele Helfer und Helferwerkzeuge im Angebot sind. Die Frage, die ich manchen Menschen allerdings oft stelle, ist: Warum meinst du, alles allein entscheiden und tun zu müssen? Warum öffnest du nicht deine höheren Türen und bittest um Hilfe? Es gibt keine Situation hier auf der Erde, in dieser Zeitschiene, die man allein bewältigen muss. Das ist doch das Besondere an dieser Zeit des Wandels der Erde.

Spürst du, während wir auf dem Sofa sitzen, dass du nicht mehr so richtig im irdischen Sein weilst? Vielleicht fühlst du dich etwas schwebend, vielleicht leicht, vielleicht entspannt und gelassen. Und – das berichten mir viele Menschen – die Sorgen und das tägliche Einerlei treten zurück und verlieren an Präsenz und verlieren die Schwere. Das, was davon getan werden muss, kommt herein, wird dich wieder anpeilen, wenn wir unser Gespräch beendet haben. Und – einige der Themen, die du vermeintlich hast tun müssen, sind unwichtig geworden, haben sich von allein gelöst oder können zu einem späteren Zeitpunkt wieder ins Visier genommen werden. Wir sitzen hier beisammen, um dir den Kontakt zum Höheren Selbst bewusst und auch ein bisschen oder noch mehr schmackhaft zu machen. Einige von den Leserinnen und Lesern sind schon in diesem so wichtigen Kontakt auf unterschiedliche Art und Weise, einige sogar intensiv, die meisten jedoch sind noch in der Versuchsphase. Es wird immer mal ein bisschen probiert, doch der irdische Zweifel des Egos tritt gern in die erste Reihe.

Ich möchte dich bitten, jetzt dein Höheres Selbst zu fühlen. Spüre in deinen Kopf und bemerke ein Prickeln oder ein watteartiges Gefühl. Beobachte, was mit deinem Herzen geschieht. Wird es leichter, wärmer, kühler, beginnt es zu stärker zu pochen? Dein Körpersystem bemerkt, das dein Höheres Selbst sich in dir stärker ausbreitet, und es reagiert. Dein Höheres Selbst hat in deinem physischen Körper im Herzen so etwas wie einen energetischen Punkt, wie alles, was erschaffen wird. Es ist das Signet des Schöpfers deines Seins. Bei anderen Kreaturen ist diese Signatur möglicherweise an einem anderen Platz. Dann hast du zudem eine starke Verbindung in dir zum Höheren Selbst über das Heilige Höhere Herz, welches im Herzbereich höher, in der fünften Dimension, liegt. Dieses kannst du gut erfühlen, durch eine Hand auf dem Herzen. Es gibt jetzt nichts zu tun, außer zu fühlen. Genieße einige Momente diese Verbindung. Es könnte durchaus sein, dass du deinen Kanal schon etwas bewusst geöffnet hast und dass eine leise Stimme zu dir spricht. Nicht zu vergleichen mit der des Egos. Noch ein kleiner Tipp: Die Stimme des Egos kommt aus dem Kopfbereich, die des Höheren Selbst aus dem Herzen. Sie ist außerdem eher sanft, immer liebevoll und nie tadelnd! Vielleicht fühlst oder hörst du telepatisch etwa beispielsweise: „Wie schön, dass wir in Kontakt sind." Damit ist der erste bewusste Kontakt hergestellt. Das lässt sich beliebig, auch mit dem Visualisieren und Imaginieren erweitern und vertiefen. Wie schon erwähnt, ist dies in anderen Texten ausführlich beschrieben (siehe: „Buch der Heilung" und „Der Mensch in seiner Meisterschaft" von Barbara Bessen, Hans Nietsch Verlag). Es ist übrigens, wie alles im physischen Leben, eine Sache der Übung. Hier ist das Wort Übung durchaus angebracht. Stetig in einem höheren Schwingungsbereich zu sein, verlichtet das irdische Körpersystem immer mehr.

Wir sitzen immer noch auf dem Sofa und plaudern ein bisschen weiter. Es gibt Menschen, die spirituelle Praxen und den Wandel der Erde als ein kleines Hobby betrachten. Ihnen fehlt der Ernst der Angelegenheit. Lass mich dir ganz klar sagen: Der Planet steigt auf, die Menschen haben die Gelegenheit, ihr Leben vollkommen zu verändern und in die Liebe von allem, was ist, stärker einzutauchen. Deshalb ist es wahrlich ein Geschenk, in dieser hohen Energie zu sein und sich zu vervollkommnen. Manche Menschen erledigen erst ihren Alltag, um dann in ihrer freien Zeit mal schnell das Höhere Selbst zu besuchen. So ist das nicht gedacht. Wobei dies natürlich ein jeder für sich selbst bestimmt. Die Verbindung, die Verlichtung und letztlich die Verschmelzung des Höheren Selbst sind der Weg zum Schöpfer. Es ist der Weg in die Einheit von allem, was ist. Also sollte dein Tag so gestaltet sein, dass du als Hauptaufgabe deine Entwicklung ansiehst, die Erweiterung deines Bewusstseins und es in deinen Alltag einbaust. Wir sagen immer gern: Es ist wie Zähneputzen, das tust du – fast automatisch – jeden Tag.

Das Höhere Selbst hat eine intensive Verbindung zu den Anteilen, die es aussandte. Noch mal zum besseren Verständnis: Du bist nicht der einzige Anteil des Höheren Selbst, das es aussandte, um Erfahrungen zu sammeln. Derer gibt es einige. Es ist wie eine Versammlung der Teile, um dann, wie in einem Fahrstuhl gemeinsam in die nächsthöhere Ebene zu fahren. Vielleicht auch noch weiter, je nach Bedarf, nach Möglichkeit und nach Zielvorgabe. Diese Zeit berechtigt viele Chancen, sich zu vervollkommnen. Der Mensch muss es nur erkennen, bewusst annehmen und agieren. Nun sinnt das höhere Sein nach den Möglichkeiten, sich wieder mit seinen Anteilen zu verbinden und zwar auf eine Art, die für beide Seiten von Vorteil ist, wenn ich dieses sehr irdisch westlich geprägte Wort einmal in diesem Zusammenhang benutzen darf. Das Höhere Selbst hat nur einen einzigen Grund, dies hier alles zu tun: Es will Erfahrungen sammeln. Selbst jetzt in dieser besonderen Ära der Erde und auch dem Zusammenziehen aller Anteile steht die Erfahrung im Vordergrund. Es fragt sich: „Was tun meine Anteile mit der Verbindung zu mir? Wie verhalten sie sich? Wie bringen sie diese Verbindung in den Alltag? Wie schaffen sie es, voller Vertrauen in mich zu sein und nicht dem Ego das Zepter immer noch zu überlassen?“ Das sind spannende Fragen, nicht wahr? Wichtig ist noch zu verstehen, dass die Anteile des Gottes, der du bist, die in dieser Zeitschiene verweilen, die Hauptansprechpartner sind. Auch jene, die ebenfalls in einem bewussten Zustand, aber in anderen Zeitschienen leben. Die anderen, die unbewusst irgendwo ihr Leben führen, werden sich automatisch zu einem späteren Zeitpunkt dazugesellen, indem sie ihr irdisches Leben spontan beenden.

Verstehst du, dass es ganz viele Möglichkeiten für dich gibt, aus dieser Verbindung Vorteile zu ziehen? Verstehe bitte auch immer mehr, dass es so etwas wie Schicksal für dich nicht gibt. Es gibt keine Voraussagen mehr. Du hast die Wahl zwischen neuen Optionen. Auch wenn ich mich hier ein bisschen aufs Glatteis bewege, erlaube ich mir zu vermitteln: Astrologie bekommt einen anderen Stellenwert für Menschen, die erwacht sind. Es gibt viele, sogenannte günstige Zeitpunkte und Markierungen für mögliche Entwicklungen in der Form nicht mehr. Dein Höheres Selbst schwingt in anderen Ebenen, und dort gelten andere Gesetze. Du, als Mensch, Luise oder Peter, entschwindest den Einflüssen der Gestirne. Sie greifen und beeinflussen dich nicht mehr. Du bist immer stärker verlichtet, dein karmischer Imprint ist aufgelöst und du gehst deinen freien Weg. Damit bekommt das Wort Freiheit noch eine ganz andere Bedeutung. Hast du Mut, wirklich frei zu sein und frei zu leben?

Nun kommt noch ein sehr interessantes, aber nicht leicht zu verarbeitendes Thema. Das Höhere Selbst hat keine Vorgaben, keine Richtlinien, auch keine ethischen Vorstellungen von irgendetwas. Mach dir das bewusst. Denn es ist ein Schöpfer, ein Probierender, der kreiert. Menschen brauchen, um in der Dualität zu leben, Vorgaben, Ideen, Konzepte, Anleitungen von Eltern oder Vorbildern etc. Das gibt es nicht mit einem Leben des höheren Selbst in und mit der Einheit. Das Sein ist frei. Das zu verstehen, im eigenen Leben zu akzeptieren und Stück für Stück umzusetzen durch die Anleitungen des Höheren Selbst, ist etwas befremdlich für einen Menschen. Was fühlst du jetzt, während ich mit dir auf dem Sofa sitze und dir das erzähle? Kannst du die Bandbreite dessen verstehen, was ich vermitteln möchte? Ich tue dies ganz bewusst in diesem doch relativ intimen Gespräch. Denn ein jeder, der sich auf dieses hier einlässt, wird ein individuelles Sofa und ein ähnliches Gespräch mit mir oder anderen geistigen Lehrern und Führern und eigenen Höheren Anteilen haben. Hm, das ist nicht einfach, ich weiß es. Doch ich wäre damals auf meinem Weg froh gewesen, hätte ich diese Stütze auf dem Pfad gehabt. Ich musste vieles mühsam selbst herausfinden. Das dauerte oft lange, manchmal sogar einige Leben.

Das Höhere Selbst ist frei, es hat keine Krücken, keine Eltern, die Vorgaben machen, keine Partner, die zerren oder alles besser wissen und hohe Erwartungen haben. Es ist einfach. Es erwartet nichts von dir. Es guckt gelassen zu, wie du jetzt dein Leben meistert. Und – es reagiert, wenn du fragst. Es gibt dir so viele Antworten auf deine Fragen, wie du es verträgst. Es sendet dir Ideen, die du als Intuition empfindest, was zu tun wäre, was du tun könntest, was vielleicht anders ist, als du sonst reagiertest. Natürlich hast du immer die Möglichkeit, anders als gewohnt zu reagieren. Du entscheidest, was du tun möchtest. Ab einer bestimmten gemeinsamen Verbindung wird es dich wahrscheinlich intensiver mit Informationen, Eingebungen täglicher Situationen konfrontieren. Es nimmt sozusagen die Fäden in die Hand. Es spricht auch durch dich, wenn andere Menschen entsprechende Informationen brauchen. Es heilt durch dich. Es lehrt durch dich. Es gibt dir die Ideen für deine eigene Heilung. Es ist das Aspirin, das du eigentlich nehmen wolltest, wenn du Kopfweh hast. Es ist die massierende Hand deines verspannten Nackens. Es ist die Energiebehandlung für deinen kranken Zahn. Es ist die Hand, die das Messer führt, wenn du eine chirurgische Operation eingehst. Alles das kann das Höhere Selbst. Die Frage ist nur, ob du dies alles glaubst und annehmen kannst.

Das Höhere Selbst wird dich inspirieren, die oder die neue Position in deiner Arbeit anzustreben, weil es sicher ist, du schaffst das oder es tut dir oder anderen gut. Es wird dir immer wieder Gedanken vermitteln, das du dieses oder jenes besser nicht tun solltest, weil es gefährlich ist, und vielleicht deinem Körper schadet. Es wird dir die Idee geben, eine Reise hierhin oder dorthin zu unternehmen. Es kann dich vor Leid in menschlichen Verbindungen bewahren, weil es dir eingibt, wie du dich verhalten

solltest. All das geschieht über die Intuition, über das sogenannte Bauchgefühl oder über ein telepatisches Gespräch. Irgendwann wirst du keine Fragen mehr haben, weil du einfach das Höhere Selbst bist. Na, bist du bereit, diesen Weg ein bisschen engagierter zu gehen?
Fühle einmal, was dein Höheres Selbst dir jetzt vermittelt!

Ganz salopp ausgedrückt, kann das Höhere Sein, das, was du wirklich bist, alles. Es gibt nichts, was es nicht könnte. Es kann auch Geld manifestieren, wenn es dies für richtig hält. „Oh ja, bitte mir!“, höre ich einige von euch ausrufen. Dann gehe in die Verbindung. Erbitte eine Information, warum du in Geldmangel bist. Es ist mit Sicherheit keine Bestellung ans Universum, wie es oft erklärt wird, nein, es ist das eigene Schöpferpotenzial auszuschöpfen. Nun nutze die Gelegenheit, während wir hier gemeinsam auf dem Sofa sitzen, diese hohe Energie für den Kontakt zu dir selbst zu nutzen. Ich halte derweil das Energiefeld. Es ist mir eine Ehre, dir zu dienen.

Nun würde ich gern noch vermitteln, dass die Erkenntnis, die du daraus bekommst, dich eigentlich vom Stuhl hauen müsste. Denn all deine Ideen des Lebens, alle Vorstellungen, wie was zu sein hat, verlieren ihre Gültigkeit, nicht wahr? Nichts ist mehr so, wie es immer war. Nichts ist festgelegt, alles ist offen. Es geht jetzt darum, sich ganz von Vorbildern, Gestaltungsideen, die vorgegeben sind, und Erziehungs- und Lebenskonzepten zu lösen oder sie zumindest zu überdenken. Und das in Kooperation mit dem Höheren Selbst, das, was du wirklich bist. Ich beschreibe es hier noch etwas getrennt anmutend. Ich folge da deinem Gedanken. Eigentlich bist du es, nichts anderes oder niemand anderer, du bist es. Du fühlst dich nun möglicherweise im freien Fall, nicht wahr? Nichts und niemand – auch wenn es noch etwas theoretisch anmutet – sind für dich verantwortlich, niemand kann dir sagen, was du tun kannst und sollst. Niemand. Hm, das fühlt sich nach Einsamkeit an, oder? Doch, du bist nie allein, du bist das Höhere Selbst auf Erfahrungstour, nicht mehr und nicht weniger.

Nun könntest du dir ein paar Tage Zeit nehmen und dir diese Aussagen intensiver zu Gemüte führen. Ich beobachte deine Gedanken, ich helfe dir, wenn es brenzlig wird und dein Ego in Gegenwehr geht. Denn lass mich dir noch vermitteln: Dein Ego findet diesen neuen Weg nicht gut, es hat Angst, sich aufzulösen, zu vergehen. Das ist verständlich und ein uralter Prozess, den alte Aufsteigende erlebten. Doch jetzt in dieser Zeit wird dieser Weg des Loslösens sanft und liebevoll gegangen. Zart wird die Hand des Egos zu dem des Höheren Selbst zu deiner Essenz geführt. Es wird in Liebe aufgenommen. Immer dann, wenn es nötig ist, ein Ego im täglichen Leben zu haben, wird es wieder kurzfristig eine Funktion übernehmen. Aber ansonsten ist der Weg, dass das Ego schweigt und dich nicht zu Taten inspiriert. Das Höhere Selbst webt dann mit den dort wirkenden Gesetzen die nötigen Fäden für die Realität auf der irdischen Ebene. Du formst dann mit deinen irdischen Mitteln dein Leben.

Kannst du dir vorstellen, wie es ist, wenn das Ego schweigt? Ab und an kennst du es schon, beim Meditieren oder bei inneren Reisen oder wenn du etwas intensiv aus dem Herzen tust. Das ist der Weg des Eingeweihten. Es ist der Weg zum kosmischen Menschen, zu dem, was du eigentlich bist. Nur besteht der Unterschied darin, du bist es immer mehr in einem irdischen, menschlichen physischen Körper. Das ist neu. Wir nennen es die Verlichtung der menschlichen Spezies. Ein harter, aber kein steiniger Weg mehr. Kryon pflegt immer gern zu sagen: Es zählt die reine Absicht.

Was ist Realität?

Wenn du morgens erwachst, steigst du in deine sogenannte Realität ein. Du meinst, es sei das, was Leben ist. In Wahrheit könnte man das, was du in der Physis erlebst, als einen Traum bezeichnen. Der große Schöpfer, der du bist, geht mit einem Teil seines Seins in einen Körper, um Erfahrungen besonderer Art zu haben. Lass uns kurz zu einer Situation, deinem morgendlichen Erwachen, gehen. Wie war es heute Morgen? Warst du gleich ganz präsent hier auf der Erde, in deinem Bett? Oder kamst du etwas schwer in diese Realität? Du kommst genauer gesagt von einer Realität in die andere. Was ist nun die wahre Realität? Das ist eine gute Frage, oder? Du erinnerst dich meist nicht an das, was du vor dem Aufwachen hier im Bett erlebtest. Du hast nur ab und an ein paar Erinnerungen. Lass mich das noch etwas genauer beschreiben: Es gibt das Unterbewusstsein, das Überbewusstsein und dazwischen liegt das irdische Bewusstsein. In deinem Unterbewusstsein ist das gespeichert, was du alles erlebt hast, auch was du im Alltag bewältigen musst, wo es noch Sorgen gibt. Alles, was du warst und bist, ist dort abrufbar. Nun gibt es in dem Bereich des Unbewussten einen Zugang zur astralen Ebene. Die astrale Ebene ist der Aufenthaltsort für alle inkarnierten Wesen, die diesen Kreislauf von Vergessen und Ursache und Wirkung erleben. So lange, bis sie ganz erwachen und den Erdkreislauf der Inkarnationen verlassen. Du tummelst dich also in der Nacht in dem Bereich der astralen Ebene, in einem dir bewussten Bereich. Es gibt auch die Schläfer, die im Schlaf nicht bewusst die astrale Ebene wahrnehmen. Doch du agierst dort mit Bekannten, Verwandten, Freunden und mit Lehrern. Drüben ist es wie hier, nur eben nicht mit den physischen Voraussetzungen. Dort kann man mit den Gedanken erschaffen und es manifestiert sich sofort.

Das sei auch noch erwähnt, obwohl es dich im Moment nicht betrifft: Das Erschaffen macht Spaß und viele, die ihren irdischen Körper abgegeben haben, halten sich dort drüben so lange auf, wie es ihnen gefällt, um dann wieder mit neuen Themen zu inkarnieren. Die werden dann gemeinsam mit Helfern geplant. Das bedingt zu verstehen, dass in einem Leben nichts zufällig geschieht, sondern alles geplant ist, wenngleich auch Abweichungen gelebt werden. Es kommt immer darauf an, ob man der inneren leisen Stimme Aufmerksamkeit schenkt oder ganz stur dem Ego folgt. Aber das ist eine andere Geschichte und soll hier nicht unser Hauptaugenmerk bekommen.

Wenn du nun nachts unterwegs bist, agierst du, unternimmst etwas, bist tätig. Du gibst vielleicht selbst Unterricht für andere Bewohner der astralen Ebene. Ein anderer Teil deines Bewusstseins agiert im Traumbereich, tummelt sich in deinem unbewussten Bereich, dem Unterbewusstsein. Dieser Bereich grenzt an die bewusste astrale Ebene. Ich würde es auch gern so beschreiben, dass du einen eigenen Seelengarten hast, und hinter großen Bergen der Begrenzung tobt das Leben der astralen Ebene. Manchmal gehst du von einem Bereich in den anderen, manchmal vermischt es sich. Du bemerkst sicher, dass es nicht leicht in Worte zu fassen ist. So erleben Menschen, die den Körper bewusst verlassen, es auch oft, dass sie sich in ihrem eigenen Seelengaren aufhalten und es nicht gleich bemerken. Das beinhaltet auch, dass man schwer eine Trennung aufrechterhalten kann. Es ist nicht so wie hier auf der physischen Ebene, wo scheinbar alles getrennt voneinander ist. So träumst du möglicherweise deinen Traum der Zukunft, du träumst, wie du die Gegenwart verändern kannst. Du träumst auch die Verarbeitung von Themen, die dich bewegen. Um einen Moment später in den astralen Bereich der anderen zu wechseln und mit ihnen zu agieren. Deshalb ist es oft auch schwierig, Träume von „wahren“ geistigen Erlebnissen zu unterscheiden und zu interpretieren. Ein spannendes Thema, dass ein weiteres Buch füllt.

Die Frage, die daraus resultiert, ist nun: Was ist Realität? Was meinst du? Das, was du hier auf der Erde erlebst? Oder das, was drüben auf der anderen Seite des Schleiers geschieht? Beides ist real. Beides sind bestimmte Ebenen des Seins. Doch auch auf der astralen Ebene mit ihren verschiedenen Ebenen und Stufen, die man je nach Entwicklung bewohnt, ist noch nicht das wahre Sein, das du bist, komplett vertreten. Es sind immer noch Anteile des Höheren Seins, lediglich Partikel, die aber sehr real als einzelne Wesen denken, erschaffen und sich individuell bewegen. Dennoch nicht mit der gesamten Kraft des Höheren Selbst, lediglich mit einem Anteil.

Wenn das Wesen Mensch sich immer mehr erinnert,

wer er ist, dann erreicht er die mentale Ebene, die sich schwingungsmäßig über der emotionalen Ebene, der Astralschicht, befindet. In diesem Bereich geht es vielfach um das wahre Verständnis, wer man wirklich ist. Dort sind die Ideen des Daseins philosophischer, klarer. Es geht nicht mehr um das Spielen mit den Formen, um das grundlegende Erkennen, wie das Leben auf den physischen Planeten funktioniert. Hier haben Schöpferthemen höheren Seins Vorrang. Hier wird auch experimentiert, aber meist in Verbindung mit noch höher schwingenden Wesen. So weit, wie das menschliche Wesen es schon versteht, bereit ist, sich weiter zu klären, das irdische Sein als das zu erkennen, was es ist, geht die Entwicklung weiter.

Es ist nie zu Ende, glaubt mir. Es gibt immer wieder weitere Stufen bis hin zum göttlichen Ursprung, zum Grundgedanken. Selbst wenn man in dem Feld der Einheit ist, wenn man in dieser Schwärze seinen Weg weitergeht, was nichts mit dem Begriff Weitergehen im ursprünglichen Sinne zu tun hat, ist es nicht zu Ende. Irgendwann zieht die höchste Schöpfung alles zurück, sodass alles, was ist, nur noch ein stecknadelkopfgroßes Gebilde ist, eine Idee. Wir empfehlen immer gern, sich diese Vorstellung öfter vor Augen zu halten, es zu versuchen, zu verstehen, was nicht einfach ist. Das zeigt die Vielfalt der Göttlichen Schöpfung. Es zeigt auch, wie groß oder letztlich wie klein die Realität ist.

Realität ist eine Form des Ausdrucks. Und da ein Schöpfergott viele Formen des Ausdrucks hat, gibt es viele Realitäten. Oft ist es so, dass man sich an die vielen Realitäten, die man ausdrückt, nicht mehr erinnert. Das ist auch gut so, sonst wäre man irritiert und könnte sich auf die jeweilige Realität nicht konzentrieren.

Nun möchte ich dich gern fragen: Was ist deine Realität? Wie drückst du dich in diesem Moment aus? Die Frage ist nicht leicht zu beantworten, ich weiß! Aber das ist die Frage, die so wichtig ist, um das Bewusstsein zu erweitern. Wenn du dir bewusst bist, dass dieser Körper lediglich eine Art ist, dich auszudrücken, und dass du dich auf vielen Ebenen der Dimensionen ausdrückst, müsstest du eigentlich beeindruckt sein, beeindruckt über die Vielfältigkeit deiner Möglichkeiten. Die Frage stellt sich dir vielleicht: „Ist es möglich, alle meine Ausdrucksarten einzusehen?" Ja, natürlich. Auf inneren Reisen kannst du dich mithilfe deines Höheren Selbst in viele Situationen führen lassen. Doch – letztlich wirst du etwas müde werden von den vielen inneren Bildern und Gefühlen, die sich dir zeigen. Irgendwann ist der Speicher der Neugierde erfüllt. Du fragst dich dann sicher: „Wie kann ich mein Leben hier so führen, wie es gut für mich ist?" Ich antworte mit einer Gegenfrage: „Weißt du denn, was gut für dich ist?" Hm, das ist eine sehr tief greifende Frage, wenn du sie richtig beleuchtest. Denn, lebst du wirklich alle deine Möglichkeiten? Möglichkeiten gibt es endlos. Voraussetzung ist, wie schon oft beschrieben, dass du wirklich in deiner Freiheit bist. Frei zu sein heißt auch, sich verantwortlich für sich selbst zu fühlen und mit sich selbst in Mitgefühl zu sein, kurz, sich lieb zu haben. Das führt mit sich, ganz bei sich zu sein.

Manche Menschen, die diesen Weg schon ganz gut gemeistert haben, wirken nach außen hin für andere oft ein bisschen unsensibel. Sie drücken klar ihre Meinung aus, sind äußerst fokussiert und muten oft gefühllos an. Das sind sie aber nicht. Sie weinen oder lachen dann, wenn sie es möchten, wenn es für sie passt. Sie nehmen Anteil an dem, was sie für richtig halten. Und sie haben dort Mitgefühl, wo es für sie angemessen ist. Das ist meist jenseits der Normen. Es ist nicht höflich, nicht angepasst, es ist ehrlich. Ehrlichkeit wird vielfach mit Nüchternheit verwechselt. Nein, das ist es alles nicht. Es ist Klarheit, ein Leben jenseits der irdischen Spielfelddramatik. Es ist klar, zentriert und dennoch voller Kraft, Gefühl, Liebes- und Lebenslust. Nur eben nicht angepasst und ganz auf das eigene göttliche Sein fixiert. Das ist ein Schritt in die hohe wahre Realität. Alle anderen sind Sein-Arten, die etwas spiegeln. Sie spiegeln etwas aus dem unendlichen Pool der Schöpfermöglichkeiten.

Wo oder wie ist deine Realität hier auf der Erde? Was möchtest du als deine Realität ausdrücken? Vergiss nicht: Seit der Harmonischen Konvergenz 1987 ist alles anders. Früher haben die Menschen ihre Realität aus dem großen Pool des morphogenetischen Feldes entworfen. Von dem, was hier schon alles auf der Erde geschehen ist. Es gibt nichts, was es nicht schon einmal oder mehrmals hier auf dem Tummelplatz der Eitelkeiten gab. Aber nun kommt eine große Kraft und Informationswelle aus dem Zentrum der Galaxie zu euch. Dies bietet völlig neue Möglichkeiten des Realitätenspiels. Neue Ideen und Konzepte für Erde und Mensch offenbaren sich. Die Schwierigkeit für die Menschen ist, jetzt zu sortieren, zu erkennen, ist meine Realität, die ich dachte, dass ich sie sei, vielleicht schal, langweilig, uninteressant? Und möchte ich aus dem Spiel von Gut und Böse aussteigen? Ich möchte nun vielleicht nicht mehr durch Leid und Drama lernen und meine Realität neu formen. Wohlan, dann picke dir das aus dem neuen Pool der möglichen Realitäten heraus, was du meinst, was zu dir passt. Rücksicht auf andere zu nehmen, ist falsche Bescheidenheit. Dein Geburtsrecht ist es, dein Leben so zu formen, wie es die Göttlichen Spielwiesen anbieten. Das ist der Sinn eines Schöpfergottes auf Erfahrungsreisen. Dieses Potenzial steht jetzt allen hier Lebenden zur Verfügung. Wohl dem, der in sich horcht und diese Zugglocke aus dem Herzen hört. Der Zug zur Reise nach Hause hat geläutet.

Teil 2

Die Sprache der Liebe

Was ist Liebe? Das fragen sich Menschen aller Zeiten immer wieder. Ist Liebe etwas Menschliches oder ist es etwas Universelles? Darüber haben sich viele Philosophen den Kopf zerbrochen. Nur, mit dem Kopf lässt sich Liebe nicht erklären und schon gar nicht erfahren. Gucken wir in die Geschichte, in die sogenannte Vergangenheit, waren es oft Männer, die sich dieser schwer greifbaren Sache „Liebe" annahmen. Man nennt es, wissenschaftlich sich einer Sache zu nähern. Doch alle Dichter und Denker resümierten: Liebe ist nicht einzuordnen. Sie ist einfach. Doch was ist sie wirklich? Ich möchte diese viel diskutierte Frage aus einer spirituellen Sicht beleuchten – besonders im Hinblick auf die Entwicklung der heutigen Menschheit – auch in Hinblick auf den Weg in die Einheit. Liebe ist eine Sache des Herzens. Wenn man tief in sich schaut, bekommt man eine Idee von dem, was Liebe sein kann. Liebe ist ein bisschen vergleichbar mit der Vielfalt der Realitäten. Wenn man tausend Menschen fragt, was sie meinen, was Liebe sei, gibt es tausend verschiedene Antworten. Die sich letztlich auf ihre Art gleichen. Jeder fühlt, es hat etwas mit dem Herzen zu tun. Doch in welcher Art, in welcher Form, in welcher Tiefe und was damit verbunden ist, ist nicht greifbar, nicht beschreibbar. Es ist einfach. Menschen unterscheiden gern zwischen Elternliebe, Kinderliebe, Menschenliebe, Tierliebe, Liebe zur Natur, sexueller Liebesverbindung etc. Es sind alles Ausdrucksweisen einer Verbindung und einer Verbundenheit. Menschen fühlen sich mit etwas, mit jemandem, mit einer Sache verbunden. Sie mögen es, sie schätzen es, sie sind begeistert, sind in Freude, vielleicht auch in Ekstase. Es beflügelt ihren Alltag, dieses Objekt oder der Mensch der Verbundenheit. Es macht Freude und Spaß, damit zusammen und in Verbindung zu sein. Ebenso kann sich dies alles auch auflösen. Die Freundschaften zerbrechen, Ehen und Partnerschaften lösen sich. Aus Verbundenheit wird Trennung. Es kommen Emotionen der Enttäuschung und der Wut und sogar Hass zum Ausdruck. Diese Verbundenheits-Ausdrucksweisen unterliegen der Dualität. Ebenso kann man diese Verbindungen auch über den Tod eines Menschen, eines Tieres, einer Sache hinaus verbunden sein. Man trauert dem nach, was vergangen ist, man vergleicht das Neue, das das Leben erobert, und stellt vielleicht fest, die Verbundenheit ist nicht so stark, wie zu dem ach so geliebten Alten.

Das alles sind Facetten des menschlichen Gefühls des sich Ausdrückens. Wie ist es in deinem Leben? Was bezeichnest du als Liebe? Was geschah in deinem Leben bisher, das unter die Bezeichnung Liebe fiel? Was liebtest du? Dein Leben als Mutter, als Vater, als Lebenspartner, das, eine gute Freundin zu sein? Du lieb(te)st dein Haus, deine berufliche Ausrichtung, oder was hat dich tief berührt? Mit wem oder was warst du im Leben verbunden? Was ist daraus geworden? Hast du schmerzliche Gefühle gehabt, als diese Verbundenheit sich auflöste? Hattest du Liebeskummer, Herzschmerz, Verlustgefühle und Ähnliches bei dem Vergehen der vermeintlichen Liebe?

All das sind Ausdrucksmöglichkeiten der dualistischen Ebene, auf der du dich befindest. Damit möchte ich es nicht herunterspielen. Ich weiß wohl aus eigener Erfahrung, wie sehr ein Ausdruck der Verbundenheit Schmerzen bereiten kann, wenn er sich auflöst, wenn Menschen gehen oder einen betrügen. Wenn Eltern sterben oder Kinder eigene Wege gehen und einen vergessen. All das gehört zum irdischen Leben dazu. Vielleicht darf ich hier noch anmerken, dass der Ausdruck von Emotionen und Gefühlen etwas sehr Wichtiges ist für diese Schule Erde. Es gab bei der Erschaffung dieses Planeten noch ein besonderes Ziel, das von großer Wichtigkeit ist: durch das Erkennen der Liebe Energien zu erzeugen. Energien, die, je mehr sie aus dem Herzen kommen, der Stoff sind, aus dem alles erschaffen wurde. Auch das ist nicht leicht, in Worte zu fassen. Wenn du in deine tiefen Gefühle gehst, in große Wellen des tiefen existenziellen Seins und seiner Ausdrucksweise, erzeugst du den Stoff, der hier auf der Erde anderen helfen kann. Ich spreche nicht von oberflächlichen Emotionen, ich spreche von tiefen Gefühlen, die über das Verbundensein hinausgehen. Es ist das Gefühl, eins zu sein mit etwas, mit jemandem, was immer es auch ist. Es ist Liebe.

Liebe ist der Stoff, aus dem alles erschaffen wurde. Liebe ist das Feld von allem, was ist. Und wenn jemand hier auf dem physischen Planeten Erde den Zugang zum wahren Herzen und den tiefen Gefühlen gefunden hat, ist er der Erzeuger von Liebesenergie. Ich hoffe, du verstehst, wie ich dies meine! Es geht nicht um oberflächliche dualistische Emotionen, Verbundenheit, die sich wandeln. Es geht um dieses tiefe Gefühl der Verbindung zu dem Göttlichen. Die Liebe ist der Stoff, aus dem alles gemacht ist. Liebe ist keine Emotion, keine Zärtlichkeit, kein Schmusen, keine Liebelei und kein kosiges Wort. Liebe ist ein tiefes Gefühl, mit der hohen Schöpfung in Verbindung zu sein.

Aus dieser göttlichen Verbindung, aus diesem Gefühl der tiefen Liebe von allem, was ist, kann ein Gefühl der Verbundenheit mit allem entstehen. Man fühlt sich mit allem gleich verbunden. Es gibt nichts, was besser oder schlechter ist. Alle Menschen sind wie ich, stellt man fest. Wir haben alle den gleichen Weg, wir sind alle eins. Dieses Gefühl wird auch Agape genannt, umfassende Liebe für alles, was ist. Eine Liebe, die uneigennützig ist. Sie ist es nicht, weil wir es geübt oder gelernt haben. Nein, das kann man nicht lernen, man muss es erfahren. Diese Erkenntnis ist sehr tief greifend. Denn wenn man sich das ausführlich, gern vor dem inneren Auge, bewusst macht, muss man vielleicht sogar lachen. Wir sind nicht voneinander getrennt, wir sind alle eine Suppe, um es salopp zu sagen. Nichts und niemand sind einzeln. Uns alle verbindet die Schöpfungsenergie, die Liebe. Gott ist Liebe, die Schöpfung ist Liebe. Tief in jedem menschlichen Herzen ist die Verbindung zu dieser Liebe, zur Schöpfung. Wenn man immer mehr in diese Herzenszentriertheit sinkt, wenn man sein Leben aus der Tiefe seines Herzens lebt, das nichts mit dem Verstand und dem Ego zu tun hat, dann ist man in Liebe. Wenn du dir diesen Gedanken ganz in Ruhe immer wieder hervorholst, wir nennen das auch Kontemplieren, dann wird sich diese Erkenntnis fortsetzen, festsetzen, sie wird greifen.

Den Zugriff oder die Verbindung zur Liebe kann man nicht lernen, man muss es erfühlen. Man muss bereitwillig das Herz öffnen. Das erfordert natürlich Mut. Das erfordert, die Angst loszulassen, man könne verletzt werden. Doch wer soll dich verletzen, wenn du alles bist? Niemand kann das. Es ist ein bisschen wie ein Paradoxon. Man lebt mit einem Bein in der dualistischen Welt und mit dem anderen in der Liebe. Früher hieß es, man solle sich vor Gewalt schützen, vor anderen Gedanken, vor den Energien anderer Menschen, damit man bei sich bleibt. Heute sagen wir euch: Öffne dich, lass die Angst vor Übergriffen und verletzenden Energien los, sei in deinem Herzen. Dort ist der Schutz, den du brauchst, oder gar kein Schutz, denn alles, was geschieht, ist mit und von dir. Nichts geschieht ohne dich, denn du bist die Suppe, die alles ist.

Es klingt wirklich etwas verrückt, verschoben, ich weiß. Aber so ist es. Wenn man sich auf den Weg begibt, die Liebe zu suchen, dann muss man alte erlernte Ideen, Konzepte loslassen. Die Reise nach Hause ist wie eine Leiter, und auf jeder Stufe gelten andere Gesetze. Das, was auf der unteren Stufe galt, gilt auf der nächsten nicht mehr. Das erklärt, warum ich sage: Lass alle Vorstellungen, die du jemals von einer spirituellen Entwicklung hattest, einfach los. Es macht jetzt Sinn, auf das eigene Herz zu hören. Es weiß, welche Stufe der Leiter jetzt erklommen werden muss. Die Liebe ist überall, aber du möchtest die Stärke der Liebe, der Essenz näherkommen. Du möchtest sie fühlen, du möchtest in ihr verschmelzen. Das geht nur, wenn man sich bedingungslos hingibt. Sage nicht: „Das geht nicht, ich bin hier auf der Erde in ein Leben eingebunden, ich habe Verantwortung für dieses und jenes!" Nein, du bist nur für dich verantwortlich, für dein Tun. Letztlich bist du für alles verantwortlich, aber das ist etwas anderes, wenn du es aus der höheren Sicht siehst. Jeder Schritt, den du in Richtung kosmischer Leiter tust, verändert die Welt. Jeder kleinste Gedanke formt die Welt. Mach dir dies bewusst. Und die Liebe ist der Stoff, aus dem alles geformt ist. Sie ist einfach. So ist es.

Nun kannst du mit dieser Idee, auf diesem Weg nach Hause vieles erdenken, überdenken, alle Konzepte darüber, die im morphogenetischen Feld gespeichert sind, durchspielen und hin und her wenden. Du wirst zu einem Ergebnis kommen: Es gibt nichts, was du tun kannst, außer es zu probieren, diesen Weg zur allumfassenden Liebe zu gehen. Du kannst es nicht mit dem Kopf, mit deiner linken Gehirnhälfte erfahren, nur mit der rechten, der weiblichen Seite lässt sich erahnen, wie es ist, in Liebe zu sein. In Liebe zu sein mit allem, was ist. Das beinhaltet auch, dass du wertfrei wirst. Du wirst alles so stehen lassen, wie es ist. Nichts ist veränderbar, wenn der andere es nicht möchte. Du erkennst, es macht keinen Sinn, in das Leben anderer einzugreifen, weil du besser weißt, was zu tun wäre. Doch du weißt es nicht besser, es ist lediglich deine Sichtweise, wie etwas zu sein hat. Alles, was hier auf der

Erde geschieht, hat seinen Sinn. Wirklich alles. Wenn diese Sichtweise, diese Erkenntnis sich stärker in dir etabliert, wird eine tiefe Ruhe in dich hineinkommen und das Bedürfnis, mit dir selbst in der Stille zu sein. Allein alles in Ruhe zu erfühlen, sich hinzugeben, vielleicht auch noch ein paar Tränen der Unsicherheit oder Erleichterung weinen, und sich anzunehmen. Denn der Weg der Liebe bringt mit sich, dass man sich selbst besser wahrnimmt. Da taucht erneut, aber in einer anderen Form, weil du dich ja auf einer anderen Stufe der Leiter befindest, die Frage auf: „Wer bin ich? Bin ich eine /einer, oder bin ich viele? Was ist nun meine Aufgabe hier auf der Erde?“ Du wirst möglicherweise andere Ideen und geistige Inspirationen oder Antworten bekommen, als die, die du vor Jahren bekamst, als du anfingst, dich auf die spirituelle Reise zu begeben. Nun gibt es sicher vieles, das dein Verstand und dein Ego jetzt erkennen müssen. Das ist nicht einfach für sie. Hilfe kommt vom Höheren Selbst.

Du solltest dich nicht unter Druck setzen, diesen weiteren Weg in die Liebe zu gehen. Vieles ergibt sich von ganz allein. Es folgen tiefe Erkenntnisse, die mit sich bringen, dass du dein Leben neu beleuchtest. Noch einmal der Hinweis, jede Stufe der kosmischen Leiter bringt neue Erkenntnisse, die sich fundamental von den vorherigen unterscheiden können. Das kann einem den Boden unter den Füßen wegreißen. Weil man feststellt, das all das, was man gelebt hat, woran man geglaubt und sich ausgerichtet hat, auch auf fremdbestimmten Konzepten aufgebaut war. Vielleicht fühlst du dich plötzlich in die Irre geführt,

Empörung kommt nach oben, warum Menschen deines Vertrauens dich so lenkten. Diese Erfahrung weicht dann irgendwann der Erkenntnis, dass sie es nicht anders gewusst haben, sie haben vielleicht nach bestem Wissen und Gewissen gehandelt.

Dein Ziel ist es, in dir die Göttliche Liebe zu aktivieren, wir nennen es auch Verlichtung. Jeder Schritt löst dich von emotionalen Speicherungen, von alten Vorstellungen, was Liebe ist. Was durchaus mit viel Gelächter einhergehen kann. So manch einer, der auszog, die Liebe kennenzulernen, hat sich fast ausschütten wollen vor Lachen, weil er erkannte, dass viel Erlebtes Illusion und alles ein Spiel ist. Und hier taucht auch wieder die Frage auf: Was ist Realität? Wohl eher nichts oder alles – entscheide du selbst.

Ich möchte laut ausrufen:
„Sei frei und tue, was du willst!“

Nun lasst mich euch noch einmal sagen, dass das, was Menschen erzeugen, wenn sie tiefer in ihr Herz gehen, eine wundervolle Essenz des EINEN ist. Du erzeugst hohe Göttliche Energie in deinem weiten Herzen eben durch diese Liebesverbindung. Du wirst spüren, dass diese Liebe Kraft ist, sie verhilft dir zu unendlichen Sprüngen in neue Ideen und Konzepte des Lebens. Das wiederum hilft auch anderen, sich für die Liebe zu öffnen. Das, was du an der selbst erschöpften Liebe nicht für dich brauchst, stellst du anderen Menschen und der Erde zur Verfügung.

Wir nennen es auch globale Verlichtung. Du bist also ein Pionier in Sachen Liebe. Du schöpfst aus deinem Herzen Liebesenergie, nutzt sie für deine Entwicklung, die der Menschheit und der Erde. Das ist dein Dienst. Dank ist dir gewiss.

Mit-Gefühl, der weibliche Weg

Frauen sind, ob es ihnen bewusst ist oder nicht, immer mit dem weiblichen Teil der Schöpfung, der Gottheit, verbunden. Letztlich sind die Göttin und der Gott eins, sie sind nicht getrennt. Doch für die Erschaffung dieses dualistischen Feldes, dieses Spielfeldes, in dem ihr euch austobt, ist diese scheinbare Trennung vonnöten. Das Weibliche gebiert. Das Weibliche empfängt den Impuls des Erschaffens und trägt ihn aus. Gehen wir kurz zurück zu deiner Erschaffung. Beleuchten wir kurz deinen Weg in die Materie. Du suchtest dir eine Familie auf der anderen Seite des Schleiers aus. Sie sollten dir die Möglichkeit geben, hier eine Erderfahrung zu haben. Sie mussten so beschaffen sein, mit bestimmten Mustern und Ideen ausgestattet sein, die für dich und dein Leben stimmig waren und dir den Nährboden gaben, um eben diese Erfahrung in all ihren Facetten zu erleben. Deine Eltern schufen durch einen geschlechtlichen Akt die Möglichkeit, dass in dem elektromagnetischen Feld deiner Mutter in Verbindung mit dem elektrischen Feld, dem anderen Pol deines Vaters, ein neues Feld entstand. Dein Feld, das, was du bist, ward erschaffen durch ihre Verbindung. Es ist wie ein Urknall, der Galaxien und Sonnensysteme hervorbringt. Schöpfung ist immer Schöpfung, es ist immer dasselbe Prinzip. So hattest du die Möglichkeit, in dieses erschaffene Körperkonstrukt einzutreten. Deine Mutter hat dich in ihrem Leib getragen. Wichtig zu verstehen, ist, dass während diese Frucht, das Embryo, heranwächst, die werdende Mutter immer mit der weiblichen Seite der

Schöpfung in Verbindung ist. Sie wird von ihr genährt. Wenn du Schwangere und auch später die Mütter fragst, was sie empfinden, wie es ihnen geht, werden viele überzeugend sagen: Ich fühle mich getragen, geliebt, ich fühle mich so wohl, wie lange nicht mehr. Dass einige von ihnen mit Schwangerschaftssymptomen wie Übelkeit und anderem zu tun haben, sind Nebenwirkungen, die auch mit der Mutter selbst und ihren Prägungen zu tun haben. Da beginnt schon die gemeinsame Erfahrung von Mutter und Kind. Solange eine Mutter stillt, ist ihre Verbindung zur Urmutter, zur weiblichen Seite der Schöpfung, sehr intensiv. Sie sind immer noch fast wie EINS, spürbar für Mutter und Kind. Diese Verbindung ist für andere nicht wirklich verständlich, lediglich erfühlbar. Es ist wie ein geschlossenes Feld, das beide verbindet. Die Nabelschnur ist nach der Geburt entfernt, die energetische Verbindung zwischen beiden ist jedoch nicht gelöst. So tragen Frauen, besonders die, die Mütter geworden sind, das Gefühl, wie es ist, mit der Urmutter verbunden zu sein, tief in sich. Es gibt ihnen viele Kräfte, es verleiht ihnen die bekannten Flügel, die alles möglich machen. Es schenkt ihnen fast automatisch, obwohl sie Prägungen aus anderen Ebenen mitbringen und mit der Genetik der Ahnen verbinden sind, eine starke Intuition, das ist die Verbindung zur Schöpferebene. Sie ist sozusagen immer angebunden. Das ist für Männer oft befremdlich, schwer verständlich und manchmal auch irritierend.

Frauen, auch wenn sie keine Kinder geboren haben, sind ein Teil der Schöpfungskraft, sie gebären. Sie sind die

Instanz, die alles austrägt, was als Idee ins Feld gesetzt wird. Das ist ihre Aufgabe. Und – bevor deine Gedanken in bestimmte „Aber“ gehen – es sei gesagt: Die weibliche Seite ist auch in jedem Mann. Nur in den vielen Jahren nach Christi Geburt auf Erden, eigentlich schon seit dem Untergang von Atlantis und anderen wichtigen Zivilisationen, ist das Weibliche im Mann und das Wissen über eine göttliche Verbindung zum Weiblichen und auch zu den Frauen verloren gegangen. Dieses Wissen wurde bewusst ausgelöscht, auch von der Kirche, von anderen nicht christlichen Religionen, von denen, die die Macht in den Händen hielten und noch halten.

Das Weibliche ist das wahre Mysterium. Wenn man seine weibliche Seite stärker aktiviert und lebt, ist der Weg ins Herz frei. Das Herz ist blockiert durch die vielen eigenen und kollektiven Erfahrungen, auch durch die vielen Speicherungen im Ätherköper der Erde. Ihr befindet euch ständig in Feldern aller Prägungen und Gedanken. An Kraftplätzen und jetzt durch die Öffnung der Herzen und der Erweiterung des Bewusstseins könnt ihr die weibliche Kraft stärker spüren und in eurem Leben bewusst einsetzen.

Der weibliche Weg ist der Weg des Fühlens, nicht der Emotionen. Wir trennen das. Emotionen sind Reaktionen auf Speicherungen, auf Informationen aus der Umwelt, die wiederum mit deinen alten Lasten in Verbindung gehen. Das verleitet oft zum Tratsch, zum Einsteigen in Dramen anderer und zum Aktivieren eigener Ängste und damit das Manifestieren von Situationen, die es als Realität spiegeln. Emotionen sind der Stoff, aus dem Dualität geformt wird. Wenn du außerhalb der Emotionen und der damit oft gespeicherten Denkmuster bist, bist du frei und kannst deine Gefühle leben. Gefühle sind eine Verbindung zu Gott. Sie zeigen dir das wahre Sein, deine Intuition. Wer gut fühlt, kennt immer den weiteren Weg seines Lebens. Du kennst die Aussage: „Das fühlt sich gut an." oder „Das fühlt sich nicht gut an!" Man fühlt im täglichen Leben, ob etwas gut für einen ist oder nicht. Man fühlt, das Essen ist jetzt gar, das weiß man ohne Kochbuch. Man fühlt, gleich ruft mein Freund an. Man fühlt, ob es bald regnen wird oder nicht, dafür braucht man keinen Wetterdienst. Man weiß es einfach. Das ist die Intuition, das ist der weibliche Weg, durchs Leben zu gehen. Das Gefühl trügt einen nie. Es sei denn, man hält dieses Gefühl nicht, lässt sich von anderen Gedanken ablenken und verbindet alte Situationen mit neuen Gedanken und vermischt alles. Dann wird das Gefühl unklar, Unsicherheit kommt auf und man sinniert zum Himmel guckend, wenn man spazieren gehen will: „Ich sollte wohl doch lieber einen Regenschirm einpacken, es wird vielleicht regnen. Ich fühle zwar, dass es nicht regnen wird, aber zur Sicherheit ..." Das sind tägliche Situationen.

Die tiefe Weiblichkeit ist die Kraft der Göttlichen Mutter. Es ist der Urinstinkt, der in jedem Menschen wohnt. Jeder von euch weiß, was ihm selbst guttut. Nur, oft kommt dieses Gefühl, auch der Instinkt (er drückt sich durch ein Gefühl aus), nicht recht an die Oberfläche. Wir trauen uns oft nicht, unserem Gefühl Ausdruck zu verleihen, es als Barometer zu nutzen. Auch, weil unser Umfeld uns etwas anderes vermittelt. Wenn wir in Mitgefühl für etwas oder einen Menschen oder ein Tier sind, dann sind wir auf der tiefsten Ebene des Seins mit ihm verbunden. Wir spüren, warum dieser Mensch, dieses Wesen, diese Sache sein musste, warum sie überhaupt geschah. Wir haben tiefes Mit-Gefühl. Wir fühlen mit. Was nicht unbedingt heißt, wir haben ein Gefühl der Wärme im Herzen. Es ist eher ein Wissen, warum etwas ist. Wir fühlen dann mit und wissen, es ist ein Prozess, eine wichtige Erfahrung, die sein muss. Wir fühlen es und tauchen in das Wissen. Und vielleicht vermittelt dieses Wissen eine Hilfsmöglichkeit, die wir leisten können. Wir legen vielleicht unsere Hand auf die des anderen. Wir streicheln ein Tier, um es zu beruhigen, oder geben Heilkraft. Wir helfen einer Sache, wieder in die richtigen Bahnen zu kommen. Das ist das Mit-Gefühl. Es hat möglicherweise überhaupt nichts mit Wärme, Zärtlichkeit oder Körpernähe zu tun. Dieses Mit-Fühlen ist tiefes göttliches Schöpfertum, Schöpferwissen. Das göttliche Weibliche in dir, das Empfangene, hat seine Antennen ausgerichtet und weiß. Es weiß plötzlich das, was zu wissen und möglicherweise zu tun ist. Einfach so. Ohne große Anstrengung.

Wir sind im Kern unserer weiblichen Schöpfung, die im Höheren Heiligen Herzen wohnt, mit allem Wissen verbunden. Wir erschaffen in dem Moment, wo es sein soll, eine Situation, ein Heilaspekt, eine Stille, was immer auch gebraucht wird. Einfach so, spontan, ohne lange Zeitqualität. Wir tun, was wir fühlen, wir sind tief in uns mit der weiblichen Kraft in Verbindung. Sie weiß alles.

Lege einen Moment deine Hand auf das Herz. Ich möchte dir wieder einmal kurz vermitteln, wie sich dein Göttliches Sein anfühlt. Wir sprechen so oft von dem Kommunizieren mit uns, dem Erfragen von Lebenstipps, um im Alltag besser zurechtzukommen. Wir probieren einmal den ganz einfachen Weg. Du guckst jetzt ganz spontan in dein Leben und siehst eine Sorge, ein Problem, eine Situation, die ungeklärt und vielleicht unangenehm ist oder Ähnliches. Du hältst einen Moment einen starken Fokus auf die Hand auf deinem Herzen, spürst in das Herz, bemerkst eine schöne Energie und spürst auch, wie die Lage, das irdische Sein, sich lichtvoller anfühlt. Dann wirst du wissen, wann es so weit ist und fragst in dich hinein, was in einer bestimmten Situation zu tun ist oder wie du die eine oder andere Sorge lösen kann. Du wirst sofort eine Antwort bekommen, sofort, fast sogar schon, bevor du die Frage gestellt hast. Das ist deine eigene Intuition, die Verbindung zur Göttlichen Mutter. Du weißt, wie deine Sorge zu lösen ist. Du bist sicher erstaunt, wie schnell die Antwort kam, und auch möglicherweise über die einfache Art der Lösung. Es lag fast auf der Hand. Wahrscheinlich hattest du die Lösung sogar auch schon öfter im „Kopf". Die Frage ist natürlich nur, ob du diese Problemlösung gegenüber deinem Ego durchsetzen kannst, nicht wahr? Ich muss jetzt ein bisschen schmunzeln, weil ich weiß, was du denkst. „So einfach soll das alles sein?", fragst du. Ja, so einfach ist es.

Versuche, so weit wie möglich in diesem Feld der Einheit mit der weiblichen Schöpfung zu sein. Die Hand auf dem Herzen ist ein Schlüssel. Hier, in dieser Frequenz der Einheit, lassen sich alle Dinge des Lebens tief beleuchten. Das weitet sich auch aus in tiefe Stille, je nachdem, was du möchtest, was deine Motivation gerade ist. Und – du erahnst es schon, es ist wieder eine weitere Chance der Verlichtung deines Körpersystems. Du siehst, es ist eine individuelle Möglichkeit, sein Leben in die Hand zu nehmen. Man kann all das, was wir in diesem Buch empfehlen, mit anderen diskutieren. Doch es bleibt immer etwas, das im Kopf stattfindet, das mit Wertung zu tun hat, mit Katalogisierung. Das Göttliche Weibliche wertet nicht, denk nur an die Mutter mit ihrem Kind. Neugeborene sehen meist etwas verknautscht aus. Außenstehende stellen das oft etwas belustigt oder sogar entsetzt fest. Eine Mutter findet, ihr Kind ist das schönste der Welt.

So halten Frauen und die weibliche Seite in jedem Menschen den Schlüssel zum Göttlichen in der Hand. Mütter haben oftmals das Problem, wenn ihre Kinder größer werden, sie loszulassen. Der tiefere Grund ist der, dass sie die weibliche Schöpfung nicht loslassen wollen. Das kann für die Frauen ein Problem sein, deshalb ist die Beschäftigung mit deinem weiblichen Urkern so wichtig. Das ist nicht mit einer neuen Beschäftigung im Außen zu erreichen. Der Weg in das eigene Mysterium ist der Weg zu Gott.

Nun sind nicht alle Frauen auch irdische Mütter. Hier

liegen eine Gefahr und auch eine große Chance. Wenn Frauen sich diesem langen Weg, Kinder zu gebären und sie zu begleiten, nicht wählen, sondern sich allein ausdrücken möchten, dann kann das in dieser westlich sehr männerorientierten Welt schwierig insofern sein, als dass sie auch den männlichen Weg einschlagen, um Erfolg zu haben. Die große Chance liegt dennoch darin, dass man sich mehr sich selbst widmen kann, das Göttliche Weibliche in vielen anderen Facetten in sich und letztlich auch im Außen zu entdecken. Natürlich kann das auch mit einem Partner geschehen. Wenn sich zwei gefunden haben, um das weibliche Mysterium gemeinsam zu entdecken, zu vertiefen und mit dem männlichen in den Ausgleich zu bringen, ist das der Weg der Schöpfung. Männlich und weiblich haben sich getrennt, um in der Materie Erfahrungen zu sammeln. Nun können sie sich durch ihr intimes, offenes liebevolles Zusammensein wieder verbinden. Das kann durch Zärtlichkeit, durch Sexualität, durch gemeinsame Meditationen, gleiche Lebensziele geschehen. Das ist vielfältig und nicht bewertbar. Nichts ist besser oder schlechter. Wichtig ist das Einnisten des Männlichen in das Weibliche, damit beide sich verbinden können. Auch, um etwas Neues zu erschaffen. Das können gemeinsame Projekte sein oder ein Feld der zärtlichen Zweisamkeit, um zusammen als EINS die Einheit zu genießen. Letztlich ist es eine Hochzeit in einem jeden Einzelnen, indem im Körper und auf der höheren eigenen Ebene das Männliche und Weibliche sich vereinen. In der Zweisamkeit kann das geschehen, was ihr selbst sicher selten erlebt oder bei anderen gesehen habt: Ein

Paar verhält sich miteinander so, als seien es nicht zwei, sondern EINE(R). Dies hast du sicher in diesem und auch in anderen Leben in dir als eine große Sehnsucht empfunden. Diese Sehnsucht nach Verschmelzung, nach der Einheit. In dem Moment bist du eng mit der Göttlichen Mutter verbunden. Sie inspiriert dich, das Ersehnte in dir selbst zu suchen, dich selbst zu finden, um in dir die beiden Aspekte der Schöpfung zu vereinen.

So ist die Verbindung zur Urweiblichkeit etwas, das mit dem Weg nach Hause zu tun hat. Alle Wesen, die hier inkarnieren, haben diese tiefe Sehnsucht in sich. Es ist sozusagen die Antriebskraft, die sie hier auf der Erde agieren lässt. Wenn man genau beobachtet, was Menschen und man selbst wann, wo, wie tut, dann entdeckt man, dass der Antrieb immer die Vereinigung mit Gott ist. Mögen die Wege, dorthin zu gelangen, auch noch so irritierend sein. Irgendwann kommen alle dorthin, wo sie hergekommen sind. Ist das nicht beruhigend? Mit dieser Sichtweise kann man den Alltag besser meistern. Man erkennt, alles ist Spiel. Die Frage ist nur, welchen Spielzug möchtest du nehmen? Den, wie beim „Mensch ärgere dich nicht“ ab und an herauszufallen und eine Zwangspause zu machen, oder den Weg, immer eine Sechs zu würfeln? Entscheide, deine Weiblichkeit, deine Intuition, deine innere Stimme, dein Bauchgefühl, dein Mit-Gefühl weisen dir den Weg.

Wie unser Ego und das Höhere Selbst eine Familie bilden

Nun gehen wir einen Schritt weiter. Vielleicht hast du schon bemerkt, dass mit dem Studieren und Eintauchen der Kapitel du nach und nach in ein besonderes Feld eintauchst. Du bist, wenn wir so eng miteinander verbunden sind, in meinem Feld. In dem oder das, was sich für dich als Saint Germain präsentiert. Das, was ich zu sein scheine. Obwohl ich nochmals sagen möchte, hier, wo ich bin, kennen mich nur wenige unter dem Namen Saint Germain. Hier bin ich das, was man einen Erweiterten nennt, und ein Name ist nicht groß von Belang. Ich kann die Kleider wechseln, ebenso das, was mich beschreibt, einen Namen, eine Farbe oder andere Merkmale sind variabel. Je nach Bedarf oder Gebiet und den Menschen, mit denen ich arbeite. Ich bin keine feste Person, wie du in der physischen Ebene. Wenn du mich vor deinem inneren Auge siehst, habe ich mich für dich so hergerichtet, und ich bewege mich so, wie du es brauchst, wie es gut für dich ist. Aber ich kann viele sein. So, wie du auch viele bist. Das sollte dich nicht verunsichern, sondern dir bewusst machen, ich bin – wie du – interdimensional. Aber ich bin mir dessen vollends bewusst. Ich habe das, was man eine bestimmte Prägung nennt, wie ich schon beschrieb. Du kannst mich nicht verwechseln mit Kryon, mit Rafael oder anderen Helfern dieser Zeit. Ich bin in deinem Herzen gut zu erkennen, dort fühlst du mich am besten. Sich auf Botschaften und mentale Zeichen zu verlassen, kann trügen. Das ist es, was die meisten Menschen bewegt, wenn sie sich auf die Ebene der Meisterschaft begeben. Es ist nicht immer so, wie es aussieht, wie es sich präsentiert. Es sind deine menschlichen Vorstellungen, weil du mit deinem Versand in die Betrachtung gehst, die dich auch in die Irre führen kann. Bei den ersten Versuchen des Kontaktes zur geistigen Welt kann sich auch schon mal ein Foppgeist einschleichen. Ein Wesen, ein Elemental, das sich auf der astralen Ebene befindet und sich einen Spaß mit dir erlaubt. Bei aufmerksamer Beobachtung der Worte und Informationen und bei tiefem Fühlen merkst du jedoch nach kurzer Zeit, es ist beispielsweise nicht Saint Germain, den du gern sprechen wolltest. Dann verweist du diesen Scharlatan des Feldes und beginnst von vorn.

Meistens jedoch sind es eigene Anteile, die sich einmischen, wenn du geistige Arbeit leistet, wenn du mit uns in Kontakt bist. Nicht aus böser Absicht stören sie deinen Wunsch, mit uns in Verbindung zu sein. Sondern aus der Sache selbst heraus. Es ist ihre Aufgabe, dein Leben zu begleiten. Sie sind die Formen, die geistigen Muster, die erschaffenen Elementale aus diesem oder anderen Leben. Das, was du mit deinen Gedanken geformt, das, was du erlebst und als Emotion gespeichert hast. Sie sind Teil deines Egos (Persönlichkeit). Inklusive dem Konstrukt der Erziehung und von den Vorstellungen, wie man generell ein Leben auf der Erde führen sollte. Ich habe eingangs schon darüber näher informiert. Dieses Ego (Persönlichkeit) ist also ein energetisches Wesen, ein Konstrukt aus

Gedanken, Überzeugungen, aus alten Mustern von anderen Leben und Erlebtem aus diesem Leben. Eine brisante Mischung, die versucht, dein Leben von morgens bis abends zu beeinflussen. In Kombination mit deinem Verstand, der ständig neue Informationen aus dem großen Pool der Erdgedanken selektiert und für dich auswählt, die sich dann mit deinem Ego (Persönlichkeit) und dessen Ansichten vermischen.

Dieses außerordentliche Sein, das du auch mit anderen, die dich begleitet haben, erschaffen hast, hat dein Leben wohl meist vollkommen unter Kontrolle. Lediglich in Meditationen, auf inneren Reisen, in Momenten der Stille ist es zurückgetreten und wartet auf seinen neuen Auftritt. Interessant ist es vielleicht für dich, noch zu wissen, dass dieses Ego, deine Persönlichkeit, fest davon überzeugt ist, dass es ein Wesen ist. Es lebt wie du seine Welt, sein Leben. Es hat natürlich seine Daseinsberechtigung. Es ist der Nahrungslieferant für dein Agieren hier. Stell dir vor, du hättest es nicht, dann wären da keine Informationen, wie das Leben sein sollte, müsste, sein könnte und so weiter. Es wäre nichts da. Es wären lediglich Potenziale, wie in dem Feld der Einheit vorhanden. Du würdest desorientiert auf der Erde umherlaufen, weil du keine Grundlage für das Leben hier hättest. Die Nahrung für die Dualität wäre nicht da. Du könntest nicht spielen. Mach dir dies bewusst. Man muss das Ego, die Persönlichkeit, nicht bewerten und schon gar nicht ablehnen oder gar hassen. Man muss es nur wahrnehmen. Man muss es beobachten und feststellen, was es mit einem macht. Ein jeder hat die

Möglichkeit, sich davon zu distanzieren. Es ist sehr spannend, sich für kurze Zeit zu beobachten. Nicht nur die Gedanken, die kommen und gehen und Aufmerksamkeit fordern, sondern auch die Aktivitäten, die daraus entstehen. Das, was du tust und nicht tust. Wie dein Verstand dein Handeln und auch das Körpersystem beeinflusst. Hier gilt der bekannte Satz: „Du bist das, was du denkst!" Ich erweitere es und sage, und was dein Ego (Persönlichkeit) dir anbietet.

Nichts, was du denkst, was du an Informationen aufschnappst, bleibt ohne Wirkung auf deine verschiedenen Körper. Nehmen wir das Beispiel, dein Telefon klingelt. Du bekommst einen Anruf, der dich aufregt, weil jemand dir erzählt, dass in Amerika ein Amokläufer einige Kinder und Erwachsene erschossen hat. Das Adrenalin schießt hoch, in Sekundenschnelle kommen dir ähnliche Gedanken mit Informationen in den Sinn, die wiederum mit anderen Geschehnissen zu tun haben. Dann fällt dir vielleicht noch ein, dass vor einigen Tagen ein äußerst eigenartig anmutender Mann um die Schule deiner Tochter herumgegangen ist. „Wenn der etwas Ähnliches im Schilde führt?", sinniert du. Dein Ego, deine Persönlichkeit, mit der Hilfe des Emotional- und Mentalkörpers und dem gewitzten Verstand, haben ihr volles Programm ausgefahren. Nach diesem Anruf ist nichts mehr so, wie es war. Das Thema wird noch abends mit Freunden diskutiert. Damit werden also viele Menschen infiltriert, sie bearbeiten Gedanken, werden zu Handlungen inspiriert etc. Dein Körper hat dann einiges zu verarbeiten. Dies wirkt sich auch auf dein Befinden aus. Vielleicht hast du Magendrücken bekommen, deine Verdauerung ist gestört, du kannst schlecht einschlafen. Nichts in deinem Körpersystem ist voneinander getrennt. Alles ist miteinander vernetzt und wirkt aufeinander.

Wenn du mit deinem Höheren Selbst schon ganz gut in Verbindung bist und so ein Anruf dich erreicht, dann legst du vielleicht deine Hand auf das Herz oder du verbindest dich gedanklich mit deinem Höheren Selbst, und schon bemerkst du eine andere Reaktion deinerseits. Du bist in Ruhe, siehst dieses Geschehnis in Amerika als etwas an, das passend für diese Zeit und ihren Wandel zu sein scheint. Du bist in Mitgefühl, schickst vielleicht bewusst Liebesenergie in dieses Geschehnis und bist dann wieder bei dir. In diesem Falle hat das Höhere Selbst dein Ego (Persönlichkeit) an die Hand genommen. Es hat es verlichtet, wie wir gern salopp sagen, und somit auch zum Schweigen gebracht. Ist das nicht wunderbar?

So kannst du davon ausgehen, dass das Höhere Selbst immer mehr die Art und Weise des Handelns des Egos (Persönlichkeit) ausgleicht, damit viele Situationen glättet und in eine andere Richtung bringt. Die Crux dabei ist nur, dass du im Moment die treibende Kraft sein musst. Du musst dich an dein Höheres Selbst in solchen alltäglichen Situationen erinnern. Besonders in denen, wo du persönlich stark involviert bist. Möglicherweise bei einem Auffahrunfall, wenn dein Hund die Nachbarin gebissen hat oder deine Mutter einen Herzinfarkt bekommen hat. Es ist immer die Zentriertheit auf sich selbst, auf das eigene Göttliche Sein, das die alltäglichen Sorgen minimiert, ausgleicht, sie ohne Dramatik in das richtige Licht rückt und dir vermittelt, was zu tun ist. Lass es dir einen Moment durch den Kopf gehen.

Wieder bitte ich dich, jetzt in diesem Moment dein eigenes Leben kurz nach gerade anstehenden kleinen Katastrophen zu durchleuchten. Wo bist du nicht ganz bei dir und steigst in die Dualität ein, und erlaubst ihr, dich zu beherrschen? Lass dir einen Moment Zeit, dies zu tun. Es werden dich einige Erkenntnisse erreichen. Du wirst auch bemerken, dass es so etwas wie chronische Vorkommnisse unterschiedlicher Art gibt. Die haben meist mit dem eigenen Selbstwert zu tun. Nimm dir die Zeit, es zu beleuchten. Auch hier hoffe ich, dass du später darüber lachen musst, wie dein Ego (Persönlichkeit) die Fäden in der Hand hat.

Du bist in einem Prozess, der läuft und läuft. Wie alles, geht es zu Anfang oft ein bisschen schwer, sich selbst zu beobachten. Wir empfehlen gern, jeden Abend im Bett kurz den Tag rückwirkend passieren zu lassen und zu schauen, was wie, wann geschah. Wo war etwas, das dich irritierte, dich aus deiner Mitte brachte, dir Zeit raubte und vielleicht sogar noch Stoff für die nächsten Tage bietet? Warum ist das so, und wie kannst du es mithilfe deines Höheren Selbst verlichten? Natürlich ist alles, was dich in Schach hält, etwas, das du in dir noch nicht erlöst hast. Alles ist bekanntlich ein Spiegel und zeigt dir blinde Flecken. Nimm das Ganze aber bitte gelassen. Es gibt Menschen, die bei solchen Vorschlägen gleich in starke Ernsthaftigkeit oder auch wieder Dramatik verfallen, indem sie sich sagen: „Oh, das mag ich nicht angucken, das tut weh. Oh, das will ich gar nicht wissen." Und vielleicht auch: „Das schaffe ich ja nie, es aufzulösen bzw. erst mal zu erkennen." Sie machen schlapp und meinen, es sei eine Arbeit, die nicht zu schaffen sei. Doch vergiss bitte nicht, wir sind immer da, nur einen Gedanken entfernt und gucken just in diesem Moment in dein Feld. Da hatte gerade ein Lämpchen geleuchtet, das vermittelt: „Ich brauche jetzt Hilfe." Wohlan, Hilfe ist immer da, gehen wir den Weg der Schwierigkeiten zusammen.

Die Erkenntnis sollte jetzt für dich sein: Ich bin nie allein, ich habe Hilfe auf meinem Weg. Es gibt keinen Grund, in gedankliche oder emotionale Dramatik zu verfallen. Ich schaffe das!

Nun kommt die Zeit auf dem Weg in die Einheit, wo du spürst, du bist nicht allein. Ich spreche nicht nur von uns, den Helfern aus dem großen Pool, von allem, was ist, sondern ich meine, du weißt immer mehr, dein wahres Sein ist mit dir. Es sieht jeden deiner Schritte, deiner Ideen. Es sieht die von deinem Verstand ausgewählten Ideen bzw. Informationen, die den ganzen Tag auf dich einstürmen. Wie schon erwähnt, kommt nur ein kleiner Teil der vielen Informationen überhaupt in dein irdisches Bewusstsein, es wird vom Verstand selektiert. Nun könnte es durchaus sein, dass dein Höheres Selbst dir neue oder andere Informationen zukommen lässt. Ein Beispiel wäre: Du wohnst neben einem wunderschönen Gebäude, das viele alte Ornamente hat. Du hast sie zwar wahrgenommen, aber eigentlich nur peripher. Nun stehst du an deinem Fenster, guckst auf das Haus und entdeckst plötzlich, die Ornamente sind Lilien. Du liebst Lilien, und du erinnerst dich auch, sie sind das Symbol vieler alter mystischer Schulen und Wege. Das wiederum inspiriert dich, an dein Bücherregal zu gehen und eine alte Rosenkreuzerschrift herauszunehmen. Das wiederum zieht dich zu deinem Sofa, und du vertiefst dich sofort in die Schriften. Tja, wer hat das wohl eingeleitet?

So ist dein Leben immer mehr wunderbar geführt. Und das Ego (Persönlichkeit), das in diesem Falle vielleicht lieber ins Kino gegangen wäre, hatte Sendepause, es war überstimmt, es wurde einfach verlichtet. Nun könntest du dich natürlich fragen, wie nimmt mein Ego das auf? Rebelliert es nicht? Hm, manchmal tut es das. Das sind Situationen, wo du zwei Stimmen in dir hörst, wo nicht klar ist, was du tun sollst. Dann höre auf die leise, liebevolle Stimme, auf die deines Höheren Selbst. Wird das Ego (Persönlichkeit) nun schmollen? Nein, aber es ist listig und wird immer wieder versuchen, seinen Willen durchzusetzen. Aber das Höhere Selbst ist pfiffiger, oder wie wollen wir dies nennen? Ich meine wieder salopp: Es ist und hat die stärkere Kraft, das Licht ist sein Zepter. Wer hat nun mehr Einflussmöglichkeit? Natürlich das Höhere Selbst.

Ich beschreibe dies hier alles sehr einfach. Letztlich ist es das auch. Lasst uns noch einen Blick zurück in die alten

Mysterienschulen werfen. Dort war der Weg langwierig, mit vielen schweren Prüfungen, bis dein Höheres Selbst das Zepter, zunächst ansatzweise, übernahm. Es waren energetisch andere Zeiten, und der Weg der Erde war ein anderer. Die Obrigkeiten waren andere, die, die das Spielfeld Erde beeinflussten. Und – das ist auch wichtig: Es waren nicht so viele Menschen interessiert, diesen Weg zu gehen.

Viele von euch sind immer wieder im Zweifel und stellen sich die Frage: „So einfach soll es sein, mit meinem Göttlichen Funken in Verbindung zu kommen und das Ego zu zähmen?" Wenn wir einfach mit leicht gleichsetzen wollen, würde ich sagen: Es braucht die reine Absicht und Übung. Wenn ich von den Begebenheiten der Erdentwicklung ausgehe, das, was hier mit dem wundervollen Planeten, dem Wesen Gaia, geschieht, würde ich die Bewertung „einfach" bestätigen. Noch nie waren die Möglichkeiten zu erwachen, zu erkennen, wer man wirklich ist und mit dem Höheren Selbst, der nächsthöheren Instanz, zu verschmelzen, so einfach. So ist es!

Nun bleibt mir nur noch, dir ein bisschen den Kopf zu waschen, die zweifelnden Gedanken deines Egos (Persönlichkeit) beiseite zu schieben und ihm zu sagen: Du musst keine Angst haben, du wirst nicht eliminiert, du verschmilzt mit deinem Vater und deiner Mutter, du lebst weiter. Ihr werdet eine Familie. Hast du gerade bemerkt, wie still dein Ego war?

Das Stillen einer tiefen Sehnsucht: die Verschmelzung der eigenen Polarität

Das, was im Außen ist, was du mit deinem äußeren Auge siehst, ist auch im Inneren zu finden. Es gibt nichts, was es auf der einen und auf der anderen Seite nicht auch gäbe. Doch manchmal sind die Formen in den höher schwingenden Ebenen etwas anders. Wenn du beispielsweise mit deinem äußeren Auge einen Schrank fixierst, dann siehst du vielleicht ein helles Grau, eine eckige Form, zwei große Türen. Auf der nächsthöheren, auf der astralen Ebene, sind die Formen vielleicht rundlicher, der Schrank ist kleiner und die Farbe eher grünlich. Sinne ein bisschen darüber nach, wie das sein kann. Natürlich, es ist noch nicht die physische Form, es ist etwas Variableres, das du in der astralen Ebene siehst. Und – ein ganz wichtiger Faktor ist, du siehst den Schrank mit deinen Augen. Dein System Auge identifiziert das Gebilde mit einem Schrank und in dir sind einige Ideen und Bilder gespeichert, die mit dem Begriff Schrank verbunden sind. Dein Auge ist ein komplexes System, das von einem Areal des Gehirns die Informationen bekommt. Sich dieses immer mal wieder bewusst zu machen, bringt mit sich, eine äußere Form infrage zu stellen, dass man ein mit dem physischen Auge erkanntes Bild als eine Möglichkeit sieht, nicht als etwas Festes, Konstantes.

Wie wäre es sonst möglich, dass du dich veränderst, dein Bewusstsein erweiterst und es mit dem äußeren Auge nicht wahrnimmst? Dein vielleicht faltiger, kleiner Finger hat sich nicht plötzlich verändert, weil du mit dem inneren Auge Saint Germain sehen kannst. Dennoch sind beide und alle Ebenen stets miteinander verbunden. Wenn du dich noch weiter für die geistigen Welten und ihre Kraft öffnest, dann kann es schon geschehen, dass an deinem kleinen Finger sich plötzlich eine bestimmte Falte, die sich im Laufe des Lebens gebildet hat, auflöst. Die Veränderung, die du auf der nächsthöheren schwingenden Ebene eingeleitet hast, hat sich auf der physischen Ebene manifestiert. Was immer auch die Gründe dafür sein mögen, dass die Prägung überhaupt entstand. Du wünschtest vielleicht lieber die Veränderung einer Falte im Gesicht. Oh ja, ich kenne deine Wünsche. Spaß beiseite: Alles, was sich auf der geistigen Ebene auflöst, wirkt sich auf die physische Ebene aus. Um auf deinen Finger zu kommen, die Falte entstand vielleicht, weil du in einer bestimmten ängstlichen Situation eine Hand verkrampft und in sich verschränkt gedrückt hast. Über die Jahre hat sich der Finger dieser Situation angepasst. Wenn diese Angst gegangen ist, ändert sich auch die damit verbundene Verkrampfung, die Falte löst sich. Das gilt für alles, was deine Ausdrucksform betrifft. Dein ganzes physisches Sein, wie du dich äußerlich darstellst, hat etwas mit deinem Leben, wie du es lebst, zu tun, wie deine gespeicherten Muster sich auf den Alltag auswirken.

Du glaubst nun, weil man dir es gesagt hat und weil es schon einen körperlich sichtbaren Unterschied zeigt, du seiest eine Frau oder ein Mann, richtig? Fühle an dir herunter, ist es so? Aber in dir ist deine andere Hälfte, denn Mann und Frau sind eigentlich nur zwei Seiten einer Medaille, vorhanden. So ist auf einer höher schwingenden Ebene auch in deinen eigenen astralen Seelengärten dein anderer Teil präsent. Einige von euch haben schon mit inneren Bildern gearbeitet. Ich möchte es euch gern noch mal anbieten, weil es im Alltag eine gute Hilfe sein kann, seine inneren Anteile mit einzubeziehen.

Ich möchte dich bitten, nun die Augen zu schießen. Stell dir eine kleine Bühne vor deinem inneren Auge vor. Auf diese Bühne bittest du, je nachdem, was du in diesem Leben gewählt hast, die andere Seite deiner Polarität. Bist du eine Frau, wählst du deinen inneren Mann und umgekehrt. Es dauert sicher einen Moment, bis du diese Gestalt fest im Blick hast. Gehe nahe heran und begucke dir dein Pendant. Wie sieht deine innere Frau, dein innerer Mann aus, wie stellt sie / er sich da? Wie fühlt sie oder er sich an? Du guckst zuerst intensiv mit deinen inneren Augen und tastest diesen Aspekt von dir mit deinem Gefühl ab.

Du wirst wissen, ob sie / er sich gut fühlt, nicht ganz, nicht vollkommen oder nicht geliebt, welche anderen Sorgen oder Empfindungen sie / er ausdrückt. Dann nimm Kontakt auf und frage sie / ihn: „Wie geht es dir? Was macht dir Sorgen? Wo hast du keine Möglichkeit, dich auszudrücken?“ Oder frag, was immer dir in den Sinn kommt. Du wirst Antworten übers Gefühl oder über Telepathie bekommen. Wenn du das beendet hast, frag den anderen Teil deiner inneren Polarität genau dasselbe beziehungsweise was dir dazu in den Sinn kommt. Am besten ist es, du notierst dir kurz das Ergebnis. Dein inneres Bild wird nicht verblassen, wenn du kurz Zettel und Stift zückst. Dann fragst du jeweils, was du tun kannst. Frag deinen inneren Mann oder deine innere Frau, was sie / er braucht, was ihr / ihm fehlt. Das notierst du ebenfalls. Dann stellst du beide zusammen auf die Bühne. Es ist wirklich eine interessante Spiegelung. Du kannst dir mit so einer inneren Arbeit deine eigene Entwicklung anschauen. Wo stehst du mit der Verbindung deines inneren Mannes mit deiner inneren Frau? Beide symbolisieren deine männliche und weibliche Seite in dir, in dem polaren System, das du bist. Dann beobachte beide, wie sie miteinander umgehen. Sprechen sie miteinander? Sind sich wohl gesonnen, haben sie Sympathie füreinander? Oder sind sie eher etwas zurückhaltend und vielleicht sogar in einem leichten Streit zueinander? Schaue zu und höre, was sie sich sagen, wie sie sich verhalten und was dabei geschieht. Du kannst sie auch fragen, was sie sich wünschen, was geschehen möge, damit sie sich vereinen können. Diese Begegnung kannst du jederzeit wiederholen, besonders wenn du spürst, deine männliche und weibliche Seite gehen gerade nicht konform. Das kann sich sogar durch Verspannungen im Körper ausdrücken. Sogar Herzschmerzen sind ein Symbol für eine Nichtvereinigung, für Spannungen zwischen deiner männlichen und weiblichen Ausdrucksweise. Viele Frauen haben ihrer Art zu leben eine männliche Ausrichtung gegeben. Oft auch deshalb, weil sie viele Dinge zu tun haben, viele

Rollen erfüllen müssen, auch ihren Mann zu stehen. Das ist meist falsch verstandene Entwicklung. Wir haben uns vorhin schon einmal die wahre Weiblichkeit angeguckt. Das Weibliche in jedem zu entfachen und je nach Lebenslage und Situation, beides gleichwertig zu leben, ist das Ziel eines Lebens auf der neuen Erde.

Ich möchte dir noch kurz zeigen, was ich glaube, wie weit deine beiden Seiten miteinander verschmolzen sind. Ich tue dies, um dich anzuspornen, viel mit deinen inneren Ebenen zu arbeiten. Das ist die Verlichtung, von der wir so oft sprechen. Schließe nochmals die Augen. Gucke dir deinen inneren Mann und deine innere Frau an, und bitte sie, sich bei den Händen zu nehmen und sich tief in die Augen zu gucken. Was geschieht, schau es dir an. Ist es eine Annäherung? Vielleicht lächeln sie sich an? Vielleicht können sie sich noch nicht in die Augen sehen? Wie fühlst du dich bei dieser Begegnung? Kommen dir die Tränen, bist du berührt? Oder musst du lachen, weil du bemerkst, wie schwierig so eine Annäherung ist? Vielleicht siehst du auch Parallelen in deinem irdischen Leben bezüglich einer Partnerschaft. Hier in dieser Begegnung drücken sich alle Speicherungen im Emotional- und Mentalkörper aus. Da darf noch etwas gehen. Vielleicht schließt du die Augen und legst dich in das Feld der Einheit mit deiner reinen Absicht. Vielleicht wählst du auch den Zugang zur „Goldenen Welle", wie Kryon sie beschreibt. Dann spürst du, wie an dir gearbeitet wird, wie sich Muster lösen. Das kann auch etwas andauern. Vielleicht bemerkst du die nächsten Tage auch, wie sich in deinem Leben etwas löst, etwas verändert, oder dass du mit deinem äußeren Auge Dinge plötzlich anders, neu wahrnimmst.

Vielleicht begegnet dir jemand, ein Mann, eine Frau, an denen du plötzlich eine neue Ausdrucksweise der Männlichkeit und der Weiblichkeit wahrnimmst. Diese Begegnung und deine eigene Klärungsarbeit haben eine Veränderung eingesetzt.

Es gibt noch eine kleine sehr irdische Art, deinen Zustand wahrzunehmen. Hast du Lust auf ein kleines Experiment? Barbara liebt solche praktischen Dinge! Stelle dir bitte noch mal deinen inneren Mann und deine innere Frau vor deinem geistigen Auge vor. Sieh, beobachte, wie sie sich verhalten, wie es ihnen geht. Ich zeige dir einmal ihren Grad der Verschmelzung. Denn Verschmelzung der beiden ist ja das Ziel. Spontan wirst du eine Prozentzahl vor deinem inneren Auge sehen, denn ganz kurz zeige ich dir, wie ich sehe, wie weit deine männliche und weibliche Seite sich schon nahe gekommen sind. Aha, denkst du dir. Das habe ich nicht erwartet. Ehrlich gesagt tat ich das eben, um dich anzuspornen, nicht, um Barbara einen Gefallen zu tun. Na, bist du zufrieden und sagst: „Na ja, das ist doch schon recht ordentlich!“ oder sagst du: „Na, da muss ich aber noch mehr mit mir selbst innerlich arbeiten!“ Der Weg ist das Ziel, wir ihr so schön sagt. Dann weißt du jetzt, was zu tun ist: Beobachte dich im Alltag, nimm dich gezielt wahr, wie du wann, wo reagierst, welche Muster bezüglich der männlichen und weibliche Arten zu leben in dir stecken. Was kannst du loslassen? Erinnere dich ein bisschen an Jeshua und Maria Magdalena, wenn du in einer Partnerschaft lebst und liebst. Es geht nicht um Haushalt und Kindererziehung. Es geht darum, die Göttliche Liebe hier auf der Erde zu leben, nicht in der Polarität, sondern in der Vereinigung von beidem!

Letztlich verschmelzen die beiden, deine innere Frau und dein innerer Mann, in dir immer mehr miteinander. In den alten Mysterienschulen wurde viel diesbezüglich gelehrt und geübt. Es ist die Vereinigung der Göttin mit dem Gott. Es ist die wichtige Einheit, um zu erschaffen. Es kann nie nur eine Seite auf der physischen Erde Göttliche Liebe erschaffen. Das geschieht nur, wenn beide gut verbunden sind. Sonst wäre es wieder eine polare Erschaffung, wie es Männer und Frauen auf der Erde – sicher nach bestem Wissen und Gewissen – täglich tun. Menschen suchen den Frieden und erschaffen eine polare Situation. Auf Krieg folgt immer Frieden und umgekehrt, das ist das polare System. Eine ständige Ausgleichung kann nur stattfinden, wenn beide Anteile, das Männliche und das Weibliche, das Gute und das Böse sich auf eine höhere Ebene des Seins begeben und die Polarität ausgleichen. Hier in diesem Fall auf dem Weg in die höheren Ebenen, dem Aufstieg, der Erweiterung des Bewusstseins, geht es um stete Abschwächung der beiden Seiten.

Lass dir dies durch den Kopf gehen, ruhig mit dem Verstand, das eben Beschriebene ist eine logische Folgerung. Nun leg noch einen Moment deine Hand auf dein Herz und spüre, wie du dich jetzt fühlst. Starte mit ein bisschen mehr Bewusstheit in dein tägliches Leben. Beobachte deine Reaktionen auf Begegnungen, Erlebnisse. Was hat reagiert und ist tätig geworden, der Mann in dir oder die Frau? Oder haben beide zusammen reagiert? Dein Höheres Selbst steht hinter dir, lächelt dich an und flüstert dir zu: „Ich verkörpere die Chymische Hochzeit, die Vermählung von Männlich und Weiblich. Ich bin ganz, ich bin EINS!“

Lass mich dir noch vermitteln, damit es dir noch stärker bewusst wird: Alles, was du auf der inneren Ebene tust, verändert dein physisches Leben. Es geht nicht nur um die Gedanken. Jeder Schritt, ob du mit deiner Sexualität arbeitest, indem du noch mal tief in dich schaust, warum die Scham dich hindert, Freuden zu genießen, ob es die Angst vor dem Alter ist, alles hat eine Wirkung. Ich möchte noch einen Tipp geben, der mit der Erforschung der eigenen Sexualität zu tun hat. Besprich doch deine Verspannungen, deine Ängste, auch deine körperlichen Schmerzen beim sexuellen Kontakt mit deiner inneren Frau oder deinem inneren Mann. Sie können aus ihrer tiefen Schatzkammer der Erfahrungen sagen, warum etwas wie ist. Sie helfen dir auch gern beim Lösen der Probleme. Du siehst, deine eigenen inneren Instanzen, das, was du bist, helfen bei deiner Heilung, bei deiner Ganzwerdung.

Und das Ziel von allem ist natürlich die Verlichtung. Je mehr gespeicherte Themen du erkennst und mit der Göttlichen Kraft auflöst, desto mehr Licht kann in dich fließen, damit dein Höheres Selbst noch näherkommen kann. Ist das nicht wunderbar?

Der Weg ist das Ziel: Leben in der Einheit

Alle Menschen haben das Ziel vor Augen, oft ist es unbewusst, sich mit dem Göttlichen Sein zu verbinden. Das treibt jeden Inkarnierenden an. Ob er es selbst bewusst möchte oder nicht. Es ist wie ein innerer Sog, fast wie eine Sucht, die alle vorantreibt. Und dies geschieht durch viele Möglichkeiten. Eines davon ist das Wissen, sich Wissen zu holen, um das Leben, die höheren Instanzen, den Gott, das Universum zu erforschen. Es ist wie ein innerer starker Antrieb, der einem vermittelt: Es wird schon mehr darüber an Wissen geben, das mich befriedigt. Doch je mehr man liest, umso mehr stellt man fest, es ist endlos, was übermittelt wird, was Menschen als Wissen aufgeschrieben haben. Man spürt auch, es ist immer menschlich von demjenigen, der es schrieb, der forschte, gefärbt. Es ist seine Sichtweise, es sind seine Erkenntnisse. Letztlich befriedigt es den Suchenden nicht und er versucht auf seine Art, sich zu nähren. Nebenbei bemerkt, Nahrung aufzunehmen, hat generell den Zweck, das Körpersystem in Gang zu halten. Es ist ein Kreislauf, der die Maschine Mensch am Laufen hält. Letztlich kommt man zu der Erkenntnis, dass man sich auch von Göttlichem Licht ernähren kann. Dort ist alles als Information enthalten, was der Mensch als Materie in Form von Lebensmitteln zu sich nimmt. Doch bis dahin ist es ein weiter Weg. In der Entwicklungsphase nährt sich der Mensch meist von allem, was ihm angeboten wird. Süßes ist besonders begehrt. Es symbolisiert die Süße des Lebens und kann wirklich ein mit Zucker gesüßtes Lebensmittel sein. Man belohnt sich mit schönen Dingen, Zierrat, das im Haus und Garten und am Körper die Augen erfreut. Der Mensch schmückt sich, um sich gut zu fühlen. Diese Art der Nahrung und ihr Sattheitsgefühl hält eine Weile an. Es gibt Menschen, die sich Sammlungen anlegen von irgendetwas, damit sie sich immer wieder daran nähren können. Sie sagen: „Ich kann mich nicht satt sehen!“ Alles, was der Mensch sich zuführt, hat mit der Suche nach Gott zu tun. Ich könnte lange darüber sprechen, könnte viele Beispiele nennen, aber ich denke, du weißt, was ich meine. Hier kommt auch gleich wieder eine kleine Aufgabe: Guck in dein Leben, was dich nährt. Womit führst du dir etwas Gutes zu? Womit belohnst du dich? Wie lange hält das Wohlgefühl an?

Ich bitte dich, dies immer mal wieder zu beobachten. Ich tue dies nicht, um dich zu gängeln. Ich habe die Erhöhung deines Lichtes im Auge. Je mehr du erkennst, was künstliche, oft kurzfristige Befriedigung ist, öffnest du dich für die wahre Nahrung, für göttliche Nahrung. Lass uns noch ein bisschen bei diesem Thema bleiben. Du wirst bemerken, ich führe dich ganz langsam in die Klarheit. Klarheit ist die Voraussetzung für göttliche Erfahrungen. Diese, oft auch mystische Erfahrungen genannt, kommen immer mehr in dein Leben. Sicher hattest du auch schon kurze Augenblicke, in denen du das Göttliche Licht in einer starken Form erfuhrst. Auf inneren Reisen geschah das sicher, manchmal erlebt man dies auch in der Natur oder zu besonderen Gelegenheiten, in denen man sich klar fühlt. Das ist auch schwer in Worte zu fassen, denn es gibt keinen Ablauf, kein Konzept, das man leben könnte, um eben in diese göttlichen Erfahrungen zu kommen. Sie sind einfach plötzlich da. Aber selbst in großer Klarheit und Bewusstheit zu sein, ist äußerst hilfreich.

Lass mich dir noch mal versichern, du bist hier, um Pionierarbeit zu leisten. Je mehr Menschen sich für die Göttliche Kraft und Liebe bewusst öffnen, desto klarer ist das Feld, das die Erde umgibt, und je mehr Menschen wird der Weg geebnet, auch diese Erfahrungen zu haben. Du ebnest mit vielen anderen weit entwickelten Wesen dieses Feld für alle anderen. Lass mich auch nochmals sagen, dass seit der Harmonischen Konvergenz 1987 das Göttliche Licht mithilfe der Kraft der Göttlichen Mutter sozusagen greifbar nahe für alle Menschen ist, die sich aufmachen, es kennenlernen zu wollen. Dieses Göttliche Licht, die Einheit von allem, was ist, ist so nah wie nie zuvor, eine Handbreit von euch entfernt. Nur wissen es viele nicht. Viele Menschen meinen, sie müssen dies und jenes unbedingt tun, um dieses Licht zu erreichen. Ich gebe dir hier meine Hand, um den Schleier leichter zu durchbrechen und gebe auch durch Barbara ein starkes Energiepaket, das jetzt in diesem Moment dein Sein durchflutet. Dieses Paket ist immer da, wenn du an mich denkst oder wenn du dieses Buch aufschlägst. Du musst nicht lesen, ein Kontakt reicht. Die hier zu lesenden Informationen sind etwas für dein menschliches Sein. Es braucht Informationen für diesen neuen Weg der Erde und der Menschen. Aber eigentlich weißt du das alles. Ich führe dich, wenn ich das so vergleichen darf, wie einen Blinden bei der Hand, ich führe dich in das dir scheinbar Unbekannte. Ab einem bestimmten Punkt, an einer Kreuzung des Weges erinnerst du dich, dann kann ich deine Hand loslassen. Die kleinen Tipps, wie das Sich-selbst-Beobachten und Klären sind lediglich Ideen, Angebote, denn letztlich musst du diesen Weg in die Einheit selbst gehen.

Es gibt Menschen, die besuchen im östlichen Bereich der Erdkugel Lehrer, die ihnen die Möglichkeit geben, indem sie beispielsweise ihre Hand auf den Kopf legen, Einheit zu erfahren. Damit beginnt ein Prozess des Transformierens, des Loslassens, der Verlichtung. Doch wenn die Schüler dann hier im Westen wieder ankommen und ihren Alltag aufnehmen, sind sie meist schnell wieder in dem täglichen Einerlei angekommen. Dort, im Osten, hat sich vieles anders angefühlt, leichter, schöner. Man war in einer Gruppe, die die gleichen Interessen hatte, man konnte sich über die Erleuchtungserfahrungen austauschen. Daheim jedoch ...

Dagegen ist nichts zu sagen, jeder muss wissen, was für ihn gut erscheint. Wir begleiten hier aus dem geistigen Bereich alle Menschen, die den Weg in die Einheit an ihrem von ihnen ausgewählten Platz, ihrem Zuhause, gehen wollen. Wir geleiten euch alle, soweit ihr dies in Anspruch nehmen wollt. Wenn du mich wegschickst, weil du meinst, ohne mein Feld, das ich dir zur Verfügung stelle, auszukommen und den Weg allein gehen möchtest, auch gut. Ich ziehe mich zurück. Du bist dann in einem eigenen, von dir ausgewählten Feld. Verstehe mich richtig, letztlich ist alles ein Feld, doch du bist immer noch im Bereich der Erde, die ihren speziellen Platz in dem Feld von allem, was ist, einnimmt. Wenn ich mir den Vergleich erlauben darf: Es ist, als ob man sich aus einem Sumpf erhebt. Der Sumpf hatte viele Möglichkeiten, Forschungen zu betreiben, wie das in Sümpfen so ist, in natürlichen sowie in denen von Menschen erschaffenen. Doch irgendwann möchtest du erfahren, was es außerhalb des ziehenden Sumpfes noch alles gibt. Mit oder ohne geistige Hilfe, wie es dir beliebt.

Die Einheit ruft mit großer Kraft. Du spürst, wie die irdischen Wünsche, die Nahrung, von der ich sprach, dich nicht mehr erfüllen. Sie haben einen schalen Geschmack bekommen, und sie nähren nur kurzfristig. Irgendwann kommt eine Kreuzung in deinem Leben, und die meisten von den Leserinnen und Lesern haben sie bereits mehrfach erreicht, wo neue Nahrung gebraucht wird. Die Pioniere in Sachen irdischer Ernährung stellen auch irgendwann möglicherweise fest, dass Ernährungsumstellungen, vegane Kost und andere Ideen von Nahrungsmittelaufnahmen nicht das bringen, was man sucht: Wohlgefühl, Göttliche Verbundenheit. Sie können ein Wegweiser sein und eine Achtsamkeit für den eigenen Körper vermitteln, doch sie sind auch wieder ein Konzept. Diese Verbundenheit zu allem, was ist, scheint näher gerückt, aber dennoch entfernt zu sein. Doch sie ist so nah wie nie zuvor.

Dein Höheres Selbst steht jetzt nah bei dir und reicht dir

die Hand. Wie schon berichtet, ist dein Höheres Selbst ein lichtvolles Wesen, ein Schöpfergott, der sich in jeder Form vor deinem inneren und auch vor deinem äußeren Auge manifestieren kann. Das äußere Schauen des großen Lichts ist im Moment, in dieser Zeitqualität, ein Sehen, das eher am Rande wie ein Schatten aus den Augenwinkeln geschieht. Wenn man dann genauer hinschauen möchte, löst es sich auf. Auch wie wir geistigen Freunde, kann sich das Höhere Selbst im täglichen Leben in der Physis zeigen, wenn es das denn möchte und für deine Entwicklung gut befindet. Barbaras Wunsch ist es, mit mir ein Tässchen Tee auf ihrem physischen Sofa zu genießen. Bald, meine Liebe, bald, im Moment halte ich es für noch nicht passend. Da taucht natürlich sofort die sehr persönlich geformte Frage auf: Warum nicht? Ich überlasse es ihrer göttlichen Kombinationsgabe, das selbst herauszufinden.

Nun lass uns wieder ein kleines Experiment wagen. Eines, das ein bisschen nach einem irdischen Konzept anmutet. Aber ein bisschen Struktur darf doch sein, bei dem Versuch, Gott näher zu sein, was meinst du? Ich bitte dich nun, deine Augen zu schließen. Lege eine Hand auf dein Herz, atme ein paar Mal bewusst ein und aus und komme langsam in einen entspannten Zustand. Ich gebe dir meine Kraft als Hilfe. Dann stelle dir vor, du bist in einem Raum deiner Wahl. Schaue dich dort ein bisschen um, wo du bist. Ich glaube, du wirst eher einen nebligen Ort sehen, äußere Dinge sollen dich nicht ablenken. Du siehst irgendwann vor dir eine Tür, ein Tor, ein Portal. Es ist die

Pforte zum Jenseits des Schleiers. Es ist nicht die astrale oder mentale Ebene, die dich erwartet. Du gehst beim Öffnen des Tores in eine höher schwingende Ebene, in der alles geformt wird, wo lediglich Potenziale vorhanden sind. Du gehst in das schöpferische Feld der Einheit. Was du da erlebst, weiß ich nicht. Es ist deine Reise, dein Besuch mit und bei dir selbst. Ich empfehle, die kleine innere Reise so oft wie möglich zu tun. Es ist eine Möglichkeit, sich dem Feld zu nähern, in ihm zu sein, den Bereich der Stille zu erreichen, dort, wo nichts ist, außer vielleicht wohlige, dich tragende Schwärze. Probiere es aus, es ist deine Reise ins Göttliche Licht.

Diese kleine Reise ist etwas, das für dich fühlbar außerhalb deines täglichen Lebens stattfindet. Doch das trügt. Denn je mehr du in dieser Ebene verweilst, dich tragen lässt, vielleicht auch aktiv bist, Unterricht bekommst, verändert sich dein Leben. Du trägst das Ziel deiner Reise in der Materie immer voran. Du nimmst dieses wohlige, alles formende Schwarze mit in deinen Alltag, möglicherweise unbewusst. Doch dein Sein, dein Leben, dein Alltag werden sich verändern. Das garantiere ich dir. Nun lass ich dich noch ein bisschen darüber sinnieren.

Diejenigen von euch Leserinnen und Lesern, die schon mit der „Goldenen Welle“ und mit der „Wirbelsäulenaufrichtung“ von Michael gearbeitet haben, die durch Barbara von uns angeboten werden, kennen schon ein bisschen den Zustand, nicht mehr in der physischen Ebene zu verweilen. Meist war dieser Besuch, diese Einladung mit einer Bitte, mit einem Anliegen verbunden. Ihr wolltet Heilung, wart erschöpft und wolltet Kraft. Ihr wurdet bei diesen Übungen ebenfalls in das Feld der Einheit gehoben. Einige von euch haben die Erfahrung gemacht, dass sie sich an nicht viel erinnerten. Es war wie eine Reise, die nach einem tiefen Schlaf aussah. Ihr wurdet in das Feld der Einheit gehoben, dort behandelt und dann wieder in die Normalität entlassen. Mit diesem Weg über das Portal, das wir eben anboten, gehst du, darum bitte ich dich auch, ohne eine Absicht. Kryon würde sagen, du bist reine Absicht. Du gehst einfach in ein offenes Portal und überlässt dich dem Feld der Einheit. Mehr ist nicht zu tun. Erwarte nichts. Irgendjemand, irgendetwas, eine Instanz, die dort lehrt oder bestimmte andere Funktionen hat, wird dir das vermitteln, was du jetzt brauchst. Vielleicht kommst du in das, was ihr als Schlaraffenland kennt, hinein, wo Milch und Honig fließen, ein Platz jenseits der Materie. Vielleicht verweilst du in der tiefen Schwärze vom Nichts. Und es ist nichts. Einfach nichts. Ein nicht zu beschreibender Zustand. Du fühlst dich auch als Nichts. Dein Verstand steht still, dein Ego (Persönlichkeit) möchte nichts. Gar nichts. Es gibt in dir nichts Vergleichbares, um es zu beschreiben. Vielleicht hast du Ekstase-Erfahrungen, und du schwebst in einem Zustand des Verzückens. Du bist durch und durch mit Liebesgefühlen durchdrungen. Jede Zelle deines Körpers spürt diese allumfassende Liebe des Göttlichen. Jenseits von Zeit und Raum treibst du in dieser Verzückung. Genau genommen ist dieser Verzückungsprozess etwas, das wie ein Lockmittel ist, noch tiefer zu schauen, sich noch tiefer fallen zu lassen. Denn die große Schwärze ist das Ziel. In dieser wohligen Schwärze ist alles enthalten, und auch wiederum nichts. Es ist die „Suppe“ der vielen Möglichkeiten. Hier werden Schöpfungen erdacht, geformt, um sich dann zu manifestieren. Die Leere, die Schwärze ist es, was wir Einheit nennen. Aus ihr entsteht alles, was ist.

Mach mit dieser kleinen Idee der Reise durch das Portal, dieser Hilfe auf dem Weg, die Einheit zu erkunden, deine Erfahrungen. Obwohl das Wort Erfahrungen dafür nicht passend ist. Aber was soll ich dir sonst als Orientierung anbieten? Hilfe ist dir gewiss!

Die verschiedenen Wellen der (sogenannten) Erleuchtung

Was ist das Ziel in deinem Leben? Gibt es unterschiedliche Ziele? Wohin führt dich dein Weg? Alle Anteile der vielen Schöpfergötter reisen irgendwann nach Hause. Letztlich landen alle Schöpfergötter in der „Suppe“ von allem, was ist, in ihre Grundsubstanz, dem höchsten Schöpfergedanken. Das könnte man in der Größe als einen Stecknadelkopf beschreiben. Darin haben alle Schöpfungen Platz. Ob es Entitäten sind, Welten, Galaxien oder Universen. Die Wissenschaftler beobachten, dass das Universum, in dem ihr lebt, sich ausdehnt. Es ist eine teilweise richtige Interpretation. Ausdehnen heißt, sich zu vergrößern. Wenn du dich und deinen Geist ausdehnst, heißt dies, du erweiterst dich, du gehst in die höheren Ebenen. Wenn das Sonnensystem sich ausdehnt, heißt es auch, dass die Planeten sich in ihre höheren Ebenen einschwingen, sich ihrer bewusst werden. Das gesamte Leben, die Schöpfung hier in diesem Universum erweitert ihren Blickwinkel. Gleichzeitig stellen die Wissenschaftler fest, dass eine Ausweitung im Sinne von Länge und Breite geschieht und fragen sich, wie es weitergeht. Dieses Limit weiß nur der Urschöpfer von allem, was ist. Es dehnt sich nicht ins Unendliche aus, es ist eine begrenzte Erweiterung, so wie es nach höherer mathematischer Sicht einen Sinn macht. Nichts geschieht zufällig. Dieses Ausdehnen wird irgendwann sein Limit erreicht haben, um sich dann wieder urplötzlich zu verkleinern, zu schrumpfen, zu dem zurückgehen, was wir als das Nichts bezeichnen. Die Schöpfung hat ihre Erfahrungen gemacht, so wie wir und das, was du bist, auch. Dann zieht die Schöpfung, so wie du auch, ihre Erfahrungen zurück und verbindet sich mit allem zu einem Ganzen. So wird die höhere Schöpfung, die du nicht bist, in der du aber enthalten bist, sich wieder sammeln, ihre Schöpfung zusammenziehen, um sich dann irgendwann wieder auszuweiten. Vielleicht mit ganz anderen Ideen einer Schöpfung, einer Erschaffung. Aber vorerst gönnt sich die Schöpfung eine Ruhepause.

Die Schöpfung oder der Schöpfer, der du bist, hat jetzt die Idee, dich und seine vielen Anteile, die er, sie, es aussandte, einzusammeln, um sich dann auf neue Abenteuer im Reich der Neutralität aufzumachen. Es gibt so viele Erfahrungen, wie es Schöpfungen gibt. Und es gibt so viele Möglichkeiten der Erfahrungen, wie es Ideen gibt. Die Ideen sind grenzenlos. So bist du grenzenlos. Es gibt in und mit dir keine Begrenzungen. Der Schritt, den du jetzt in deinem irdischen Sein verstehen musst, ist, dass dich nichts begrenzen kann. Hier auf der Erde in dem Erfahrungsspektrum, das dir in dieser Inkarnation zur Verfügung steht, kannst du zwischen vielen Möglichkeiten wählen. Wenn du irgendwo in der Einsamkeit für dich lebst, sind diese Möglichkeiten sehr vielfältig. Wenn du verheiratet bist, einem bestimmten Beruf nachgehst, kleine Kinder hast, sind deine Wahlmöglichkeiten begrenzt, oder? Es ist nicht so, wie es scheint. Du kannst im Geiste alles wählen – alles. Du kannst mit deinem irdischen Bein dies und jenes tun, aber mit dem interdimensionalen sind deine Möglichkeiten grenzenlos. Worauf ich hinaus will, ist, dass du mit dir selbst und deinen Tagträumen neue Welten formen kannst und das auch tust. Du weißt es meistens nur nicht.

Viele Menschen werten das Imaginieren, das Formen von inneren Bildern als etwas Fantastisches. Letztlich ist es das Erschaffen. Das weißt du vielleicht, aber du hast es in deinem Leben nicht bewusst integriert. Man kann äußerlich Kartoffel schälen und innerlich auf Hawaii sein und mit den Schamanen an einem Ritual teilnehmen. Du kannst auf der Autobahn Richtung München fahren und mit dem Geiste eine neue Maschine für freie Energie bauen. Du kannst dich in der Badewanne säubern und gleichzeitig mit mir auf einer anderen Ebene einen Vortrag über geistige Vielfalt im Alltag vor Schülern halten, die nicht inkarniert sind und sich weiterentwickeln wollen.

Du bist immer mehr auf beiden Ebenen bewusst tätig. Ich beschrieb dies schon. Es gibt die Schläfer, die sich auf der astralen Ebene unbewusst aufhalten, wenn sie irdisch schlafen. Und es gibt die Erwachten, die auf beiden Ebenen tätig sind. Nun gibt es bei den Pionieren, wie du es einer bist, noch mehr Möglichkeiten, die wahrnehmbar sind, dessen du dir bewusst bist. Du bist möglicherweise auf der astralen Ebene, um einen Vortrag zu halten. In der mentalen Ebene erforscht du gerade das Leben im Paradies und träumst von Gott. Auf einer noch höheren Ebene bist du mit Jeshua am Philosophieren, wie man neue Welten erschafft. So bist du immer mehr in den verschiedenen Feldern und Dimensionen – bewusst – unterwegs. Nach der höheren 5. Dimension beginnt das Feld der Einheit.

Das bedeutet, es ist das Feld der vielen Möglichkeiten.

Die Erde ist jetzt in der besonderen Situation, dass jeder, der hier lebt, durch die Schwingungserhöhung der Erde wählen kann, wohin es ihn treibt. Dieses Feld der Einheit, dort, wo alle Potenziale der Form vorhanden sind, wo dein Höheres Selbst sich aufhält, steht allen, die dafür offen sind, zur Verfügung. Jeder kann das für sich selbst entscheiden.

Ich möchte dich gern fragen: Was wählst du? Möchtest du dich Stück für Stück hier von der Erde lösen? Möchtest du eher die neuen Dinge, auch die praktischen, hier auf der Erde mit entwickeln, was beinhaltet, du engagierst dich für Menschenrechte, für neue Schulen, für neue Arten des Zusammenlebens? Und das mitten im Leben mit vielen anderen. Möchtest du vielleicht lieber für dich allein den Weg des Aufstiegs wählen und „nur" energetisch und im Geiste die Ideen der 5. Dimension mit unterstützen? Es geht nun mehr und mehr um Vernetzung, um Verlichtung. Es ist nicht unbedingt wörtlich zu verstehen, was ich jetzt hier versuche, zu beschreiben. Am besten folgst du mir mit dem höheren Geist deines interdimensionalen Seins. Oder du nimmst meine Hand, schließt deine Augen und schaust dir die inneren Bilder an, die ich dir jetzt vermittle. Du entscheidest, wie es für dich weitergeht. Willst du deine Entwicklung im Kreise von mehreren anderen Menschen bewusst gestalten? Willst du dein Leben, wie du es jetzt lebst, weiterleben, lediglich mit den vielen geistigen Möglichkeiten des Formens im Kreise deiner Lieben? Oder möchtest du aussteigen und dein Leben völlig verändern, was natürlich mit der geistigen Welt vonstatten geht? Möchtest du vielleicht einen Turboweg einschlagen?

Den Turboweg will ich gern erklären, der ist nicht so populär, weil er nicht einfach zu verstehen und zu gehen ist. Er erfordert außerdem viel Mut. Ich möchte das anhand eines Berges erklären. Wenn du einen Berg besteigen willst, kannst du es tun, indem du langsam ansteigend den Weg um den Berg herum gehst. Das ist nicht so beschwerlich. Langsam behutsamen Schrittes gehst du voran und beguckst dir die Veränderungen, die sich offenbaren, je höher du kommst. Es ist, als wenn Nebel sich um einen Berg formt. Plötzlich siehst du das Untere nicht mehr, aber du erkennst neue Dinge, du richtest dich anders aus. Irgendwann kommst du oben an. Du brauchst sicher einige Momente, um dich auszuruhen und stärkst dich vielleicht erst einmal, um zu gucken, was sich dir nun hier bietet.

Wenn du den Turboweg gehst, dann steigst du steil auf, vielleicht mit ein paar helfenden Werkzeugen, aber du wirst nicht viel überlegen, du machst es einfach. Andere werden dir sagen, du seiest verrückt. Aber du weißt, dass du es schaffst. Das wichtigste Werkzeug, das du hast, ist deine reine Absicht und dein Vertrauen. Du hast Vertrauen, dass dein wahres Sein dich führt und dich dort oben sicher ankommen lässt. Tief im Herzen weißt du dies und du freust dich auf das, was dich oben erwartet.

Beide Wege sind jetzt begehbar. Der langsame, sicherere, der, wenn auch nur streckenweise überschaubare Weg, den gehen jetzt viele Menschen. Immer ein Stück voran, das, was erkennbar ist, wenn auch nur ein bisschen, wird als Ziel genommen. Auch wenn es sich immer wieder verändert, wird weitergegangen. Hilfen sind Yoga, leichte Ernährung, Meditation, Ausrichtung auf neue Schul- und Erziehungsweisen, neue freie Energie, menschenwürdige Lebensweisen für alle, keine Abholzung der Wälder etc. Der Turboweg lässt all diese Ideen und Konzepte, was sie ja letztlich sind, außen vor. Das mag sehr egoistisch erscheinen und ist nicht sehr eingebunden in die Allgemeinheit. Ja, so ist es. Aber es ist sehr wirkungsvoll. Schauen wir kurz zu Jeshua, der jetzt energetisch sehr stark für dich präsent ist. ER hat diesen Weg auch vollzogen. Er war ganz und gar auf sein Ziel, das der totalen Verlichtung, in der einen Inkarnation aus. Er wollte den Menschen Lichtspuren legen, denen sie folgen konnten. Fühl jetzt einmal kurz in dich. Spüre diese Idee, ihren Sinn und ihre Wirkung. Du bist, wenn du den Turboweg wählst, in Jeshuas Fußstapfen. Denn jetzt braucht es Wesen, die den Turboweg gehen.

Was macht den Turboweg aus? Du bist ganz bei dir. Du reist immer mehr nach innen in dein eigenes Universum. Es ist das große Universum, es ist nicht von dir getrennt. Auf diesem Weg bist du nur auf das Feld der Einheit ausgerichtet. Das beinhaltet, dass alles irdische Konzeptionelle nicht mehr für dich gilt. Halte einen Moment inne und verstehe diese Aussage mit ihrer ganzen Wirkung. Du ziehst dich aus dem Konzept Ursache und Wirkung zurück. Du vermittelst dem Feld der Einheit, es möge dich in sich aufnehmen. Du hast keine Sehnsucht mehr, dich dem Spiel der Dualität hinzugeben. Du möchtest mit deinem wahren Sein verschmelzen. Kein Wenn und kein Aber, das ist dein Ziel. Ursache und Wirkung, Karma, wie es nach östlichen Weisen beschrieben wird, gibt es für dich nicht mehr. Dein Höheres Selbst und deine mystischen Einheitserfahrungen helfen dir dabei. Alle noch in dir nicht erlösten Erfahrungen werden gelöscht, integriert, transformiert. Dieser Turboweg ist ein Prozess. Einige von euch haben ihn „unbewusst" eingeschlagen. Sie wissen nicht, dass sie den Turboweg gehen. Sie haben nur ganz klar vor Augen: Ich möchte jetzt die letzte irdische Inkarnation leben. Ich möchte hier abschließen. Ich möchte mich mit meinem Höheren Selbst vermählen und in dem Feld der Einheit meinen Weg weitergehen, soweit man das überhaupt als Weg bezeichnen kann. Das ist das Ziel.

Wenn du den Turboweg einschlagen möchtest oder ihn auch schon eingeschlagen hast, dann spürst du das jetzt tief in dir. Du weißt, du bist gemeint. Willkommen im Feld der Einheit, möchte ich ausrufen. Du bist ansatzweise schon in ihr. Und dann gibt es die unter euch Leserinnen und Lesern, die sich noch entscheiden, diesen Turboweg zu gehen. Da gibt es noch innerlich das eine oder andere zu klären.

Wer den sanften Weg gehen möchte, und das widerfährt jetzt vielen Menschen auf der Erde, geht in eine sanftere Transformation der alten Speicherungen. Viele Magen- und Darmkrankheiten werden genutzt, um dies zu klären, andere Symptome, die entzündlich Altes lösen. Der

Mensch sucht sich seine Möglichkeiten der Transformation selbst aus und klinkt sich vielleicht in eine kollektive Ausdrucksweise einer Krankheit ein. Wenn man turbomäßig transformieren will, dann drücken sich diese Transformationen meist in stärkeren Umarbeitungsmaßnahmen aus. So kann man vielleicht sogar für Wochen aus dem Verkehr gezogen werden. Es kommen Symptome der Krankheiten, die es eigentlich nicht gibt. Man wird niedergestreckt von komischen Schmerzen, Schwindelgefühlen, Sehstörungen, Appetitlosigkeit und vieles andere. Die Beschwerden kommen manchmal ganz plötzlich, gehen dann auch wieder schnell, oder weiten sich mit anderen Symptomen aus. Ärzte sind ratlos. Heilpraktiker arbeiten mit ihren Mitteln. Aber so recht helfen kann niemand. Dies ist auch nicht nötig. Es soll so sein. Dies klingt etwas unverständlich für die meisten. Aber es ist so. Turbogänger sind gern mit sich allein, um tiefer in sich zu gucken, um Wege des neuen Lebens für sich herauszufinden. Sie können viele ihrer Gedanken nicht mit anderen teilen, weil sie so verrückt klingen. Es geht doch letztlich um die Erkenntnis, dass alles nur eine Erfahrung hier auf der Erde ist.

Turboisten, so nenne ich sie der Einfachheit halber, erkennen in ihren immer wieder kurz auftretenden Einheitserfahrungen, dass nichts von Dauer und alles eine Serie von Schöpfungsgedanken ist. Die wahre Seligkeit, stellen sie fest, kann auf der Erde nicht erreicht werden. Sie sehen, Menschen leben Konzepte, suchen irdische Ausdrucksweisen, die ihnen Wohlgefühl vermitteln. Doch das kann nicht erreicht werden. Wie soll das funktionieren? Der Mensch sucht sich kleine schöne Erlebnisse, die ihm Glück vermitteln, um im nächsten Moment wieder im Alltäglichen weiterzusuchen. Der Turboist möchte mehr, möchte tiefer gehen. Und der Turboist ist auch mit der Aufgabe hierhergekommen, diesen Weg zu gehen, um eben anderen eine Möglichkeit zu bieten, diesen Weg auch und leichter, weil er schon geebnet ist, zu beschreiten.

Turboisten haben in ihren täglichen Lebensdingen hier und dort lichte, wunderschöne Einheitsmomente, die sie ausdehnen können. Sie spielen mit der Zeit, mit dem Raum und sind mal hier, mal da. Das tun sie sogar im Alltag, denn einige Turboisten sind ja mitten im Leben, auch in alltäglichen Berufen. Aber man erkennt sie daran, dass sie viel mit sich allein sein möchten. Sie wirken eher gelassen, lassen sich nicht von Dramatiken anstecken, sondern sehen in vielen alltäglichen Dingen den wahren Sinn, nämlich dass es lediglich gebastelte Erfahrungen sind.

Turboisten gehen auch durch tiefe Schluchten, ihre eigenen Schluchten, die der Schattenanteile, die transformiert werden müssen. Sie haben aber bei ihrer höheren Instanz erbeten, dass so viele Dinge wie möglich schnell und auch wenn möglich zusammen transformiert werden. Deshalb sind die Schluchten vielleicht besonders tief. Der Turboist geht diesen Weg allein, weil er weiß, seine Dämonen sind die seinen und nur er selbst kann sie auflösen. Er teilt vielleicht seine Erfahrungen mit anderen, um ihnen behilflich zu sein. Aber dann geht er allein weiter. All das kann auch in einer Familienformation geschehen, was für die anderen nicht unbedingt einfach und zu verstehen ist.

Nun hab ich ganz einfach beschrieben, wie die Wege hier auf diesem Planeten jetzt sind. Das Feld der Einheit ist so nah wie nie zuvor. Es gibt ganz wenige Menschen, die aus dem Feld der Einheit heraus das tägliche Leben normal führen. Nicht, weil das nicht ginge, sondern weil es nur wenige sind, die diesen Weg schon gegangen sind. Die sogenannten Erleuchtungserfahrungen können gezielt in Meditationen erfahren werden und in inneren geführten geistigen Reisen. Diese Zustände erfährt man auch in energetischen Heilbehandlungen. Die Kunst eines Suchenden ist nun, diese Energie der Einheit, die erfahren wurde, immer mehr in den Alltag zu holen.

Das, was Kryon die „Goldene Welle“ nennt, ist die Kraft aus dem Zentrum der Galaxie, die jetzt hier wirkt. Diese Welle beschert den Menschen verschiedene wellenartige Erleuchtungserfahrungen. Die Möglichkeiten erreichen jeden Menschen. Viele nehmen es nicht als das wahr, was esoterisch geschulte Menschen als Erleuchtungserfahrungen beschreiben. Sie sagen vielleicht: „Ich fühle mich heute so getragen, so leicht.“ Oder sie fühlen sich ein bisschen glücklich, eins mit der Welt und sich. So könnte man sagen, dass alle Menschen in diese Wellen eingebunden sind. Erwachte Aspekte des Höheren Selbst sehen darin mehr und haben natürlich auch den Wunsch, mehr zu erfahren, mehr von dieser Welle zu spüren. Das, was sie allerdings auch erfahren haben, ist, dass man dies nicht steuern kann. Es kommt dann zu einem, wenn man dafür bereit ist. Und bereit zu sein, ist nichts, dass man mit dem Ego (Persönlichkeit) steuern kann. Mit dem Verstand ist dies nicht einzuleiten. Die Einheit selbst weiß, wann der Mensch für mehr göttliche Erfahrungen bereit ist. So ist es gut, offen zu sein, bereit zu sein und die verschiedenen kleinen Hilfen im Alltag einzufädeln, die es einem ermöglichen, sich immer mehr selbst wahrzunehmen. So ist es.

Nun möchte ich noch hinzufügen, dass alle Wege in die Einheit so sind, wie sie sind. Nichts ist besser oder schlechter. Lediglich der Mensch belegt dies mit Wertung. Ein jeder wird wissen, welchen Weg er wie gehen möchte. Dennoch könnte es dem einen oder anderen in der Mitte des Weges plötzlich wie Schuppen von den Augen fallen: Es geht auch anders, und er wählt den Pfad der Bergerklimmung anders, er schert aus und überreicht seinen Mitmenschen seine Brotzeit, um von der „Goldenen Welle", gestärkt ohne Rucksack, Nahrungsvorräte und Sicherheitsleine, den Berg direkt zu erklimmen. Wohlan, die Weichen sind gestellt. Du entscheidest, welche Richtung du einschlägst. „Alles ist geehrt und geliebt", wie Kryon so gern sagt. Ich füge hinzu: Du kannst nichts falsch machen, probiere einfach deine Grenzen aus. Als Kind wusstest du, wie das zu tun war.

Das „erleuchtete“ Leben im Alltag

Wir kommen zu einem letzen offiziellen Kapitel dieses Buches zusammen. Wir sitzen wieder in einer Runde, um nun zum wichtigsten Thema dieses Buches zu kommen. Wir rücken noch näher zusammen, weil ich dir vermitteln möchte, wie wichtig es ist, sich für diese starke Kraft und dem Schöpferinitial der Göttlichen Liebe, der schwarzen tiefen Leere, weiter zu öffnen. All das, was ich dir bisher hier vermittelt habe, waren lediglich Ideen, Vorschläge, sozusagen das, was in den vielen Jahren der mystischen Schulung zusammengetragen wurde. Ich plauderte auch aus dem eigenen Erfahrungsschatz. Dennoch kann man diese Zeit, in der du jetzt auf der Erde inkarniert bist, nicht mit anderen Ären vergleichen. Alles ist anders seit der Harmonischen Konvergenz. Der Mensch verlichtet sich immer mehr, mehr und mehr. Das kann man mit dem äußeren Auge nicht sehen, man kann – wie schon oft beschrieben – es fühlen. Man fühlt es mit den eigenen kosmischen Tastwerkzeugen, die ihren Sitz im Heiligen Höheren Herzen haben. Wir hier, wir alle, die jetzt die Erde bei diesem ihrem wunderbaren Weg begleiten, möchten allen Suchenden ans Herz legen, sich frei zu fühlen. Seid nicht eingeengt. Auch wenn in diesem Buch einiges zu lesen steht, das ein bisschen nach Lehrertum, nach Anweisungen und Wegweisern aussieht. Du bestimmst immer selbst, was du tust. Niemand anderes tut das. Löse dich von der Vorstellung, es gäbe noch etwas Großes zu klären. Denke nicht, du seiest vom Karma gelenkt. Denn die Frage ist doch: Hast du Karma? Wenn

du meinst „Ja“, möchtest du dich davon beeinflussen lassen? „Nein“, gut, dann gehe davon aus, dass es dich nicht mehr tangiert.
Dies ist nicht einfach zu verstehen und anzunehmen. Ein Teil von dir wurde Jahrtausende geimpft, dass es etwas zu lösen gäbe, das du heil(ig) werden müsstest. Viele Menschen, auch die Obrigkeit, haben dir erzählt, du müsstest dich veredeln, du müsstest würdig werden, um Gott sehen und spüren zu dürfen. Man hat dir vermittelt, die Türen zu Gott seien geschlossen, du hättest keinen Zutritt. Es gäbe lediglich Mittler, die dir helfen könnten, welche, die würdiger seien als du.

Diese alten Prägungen darfst du loslassen. Die Wahrheit ist, es gab nie verschlossene Türen, die in die Geheimnisse der Schöpfung führten. Es gab nie Portale, an denen Wächter standen, die prüften, ob du gut genug seiest, um zu passieren. Die Wahrheit ist allerdings auch, dass dir gewisse Erkenntnisse nur möglich sind zu sehen, wenn du klar bist. Die Klarheit kann man auf zwei Wegarten erreichen: Die erste ist, wie schon seit Tausenden von Jahren, du lehnst dich an einen Führer, einen Lehrer und nimmst von ihm die Schritte entgegen, die er meint, die gut für dich sind. Der andere Weg ist, du nimmst die Zügel selbst in die Hand und suchst den Gott in dir. Du lässt dich von nichts und niemanden beeindrucken, der dich zügeln möchte, dir erklären will, dass es so nicht möglich sei. Die neue Zeit beweist, dass dies möglich ist. Bei diesem zweiten Weg gibt es eben die Möglichkeit des Turboweges. Das bedeutet, dass du das Karma als nicht existent ansiehst. Du bist einfach du, du gehst deinen Weg über das Heilige Höhere Herz. Du gehst den weiblichen Weg der Schöpfung, ohne Wenn und Aber. Du gehst einfach.

Nun birgt der Weg des Alleingehens in sich doch noch die Gefahr, sich an alte Schulen, Konzepte und Ideen anzulehnen, Wege, die viele jetzt gern als Krücke gehen. Es wird studiert, probiert, verglichen, was man tun könnte. Man sucht Seminare auf, liest viele Bücher, meditiert, probiert und hängt mit einem Bein natürlich immer noch in der Dualität fest. Viele von euch suchen immer weiter. Sie meinen, es gäbe noch etwas Besseres, etwas Leichteres. Ja, das gibt es, ich habe es sozusagen im Angebot, es ist der Turboweg. Jedoch wird niemand gezwungen, den Turboweg zu gehen. Wir legen ihn euch lediglich ans Herz. Ob Turboweg oder den angelehnten oder den über einen menschlichen Lehrer, alles ist geehrt. Wichtig ist immer deine reine Absicht, dein Leben zu verlichten.

„Wie geht dies im Alltag?“, wird deine Frage sein. Ich antworte – wie immer gern salopp: „Indem du es einfach tust.“ „Wie denn?“, könnte die weitere Frage sein. Ich antworte wieder ganz salopp und kurz: „Tue es einfach.“ Nun nehme ich noch mal ein bisschen schmunzelnd eine deiner Hände und führe sie mit der meinen an dein Herz. Hier ist der Eingang zum Heiligen Höheren Herzen. Wenn du die Hand einen Moment auf dein Herz legst, öffnest du die Tore zu deinem eigenen Göttlichen Sein, das nicht in der Dualität lebt. So kannst du jeden Tag immer wieder die Hand auf das Herz legen, um Zugang zu deinem

Höheren Selbst zu bekommen. Später geht dieser Übergang, dieser Sprung, in die höher schwingenden Ebenen deines Seins mit einem Gedanken. Jetzt, mit der Hand auf dem Herzen, ist dein Sein höher schwingend. Fühl einmal! Aus dieser Qualität lässt sich vieles im Alltag besser meistern. Und sag nicht, das sei schwer umzusetzen. Ist es nicht, du musst es nur wollen.

Nimm diese Herzhand als Schlüssel zu dir selbst. Zweifle nicht, dass es der Zugang zum Göttlichen ist, glaub es einfach. In dieser höher schwingenden Frequenz durchlebst du deinen Alltag leichter. Auch wenn du im Büro bist, lege ab und an die Hand auf dein Herz. Was macht es schon, wenn andere darüber lächeln. Vielleicht inspiriert es sie, und sie tun es auch?

Wenn du diesen kleinen Schritt wirklich beherzigst, wirst du spüren, es verändert sich etwas in deinem Leben. Immer wieder die Hand auf das Herz zu legen, verändert deine Schwingung, dein tägliches Leben. Es fühlt sich an wie kleine Pausen, die dich immer wieder daran erinnern, wer du wirklich bist. Im Anhang findest du ein paar weitere Helfer, die dich in die höheren Reiche heben. Du kannst sie leicht in deinen Alltag unterbringen. Wenn du eine viel beschäftige Person bist, musst du dir ein bisschen Freiraum schaffen. Mein weiterer Rat ist auch, dir Stille zu gönnen. Stille ist der Zugang zu sich selbst. Andere Menschen zu treffen, die ähnlich denken und auf demselben Weg sind, ist gut. Sich so auszutauschen, dass es ans Vergleichen geht, in die Wertung, ist nicht gut. Das macht eher unsicher. Du weißt doch, jeder hat seinen eigenen Pfad zu Gott. Aber kurz zusammenzukommen, gemeinsam in hoher Energie zu sein, ist prima. Dann sollte man wieder seinen eigenen Pfad weitergehen. Ich halte nichts von Gruppenenergien, die ständig gepflegt werden müssen. Das ist im westlichen Bereich der Erde eher schwierig. In Klöstern mag das sinnvoll und richtig sein.

Finde den Weg zu dir in dir. Du hast alles in dir, was das Universum ausmacht. Du musst nur geduldig suchen. Das Wort Suchen beinhaltet für viele Westler Aktivität. Ich empfehle eher das Nichtstun. Das Im-Sein-Sein. Es ist fast schon ein geflügeltes Wort in der Runde von Barbara und Seminarteilnehmern und Lesern ihrer Botschaften. Im-Sein-Sein. Was ist das? Einfach nur sein, ohne Ideen und Konzepte, was zu tun sei. Setze dich irgendwo hin oder lege dich hin, schau dir die Wolken an oder die Bilder deines Zimmers, sei einfach da, hab keine Absicht, lass dich treiben. Gedanken, die kommen, lass vorüberziehen und bleibe weiter im Sein. Das ist etwas sehr Göttliches. Das ist die Pause zwischen zwei Schöpfungen, auch die zwischen zwei Atemzügen. Früher nannten die Menschen es Müßiggang. Heute wird es als Faulheit deklariert. Pausen des Müßigganges sind weitere Schlüssel zu sich selbst. Es entspannt, macht frei und fröhlich, leicht und unbeschwert. Man spürt nach so einer Phase wieder, dass das Leben ein Geschenk ist. Man hat auch wieder Lust auf ganz andere Dinge, als das, was man täglich tut. Probiere das Im-Sein-Sein. Gönne dir jeden Tag eine kurze Phase dieses wahren Glücks. Ich verspreche dir, du wirst gesunden. Gesund sein, heil sein heißt ja eigentlich, mit sich im Reinen zu sein, die Göttlichkeit in sich zu spüren und gemeinsam in Freude auf der Erde zu wandeln.

Nun möchte ich dich gern nochmals in die Einheit führen. Ich lege zwei Hände auf deinen Kopf, eine auf dein Herz, eine auf deinen Rücken. Spüre die Wärme, die Verbundenheit. Ich hebe dich jetzt in das Feld der Leere, der wohligen Dunkelheit. Jeder hat seine eigenen Erfahrungen damit. Es kann sein, dass du tief fällst, so kommt es dir zumindest vor, und irgendwo bist, wo du nicht beschreiben könntest, was es ist. Nebulöse Schwaden von wolkenähnlichen Gebilden. Zustände der tiefen Liebe und Zärtlichkeit für alles, was ist. Eine kleine Reise in die Einheit zu machen, ist wie Auftanken, sich fallen lassen, in die Liebe der Schöpfung. Vielleicht siehst du wabenähnliche Formen, aus denen Honig zu fließen scheint, aber dieser Honig kommt nicht von den Bienen, es ist Göttliches Manna. Lass dich nun treiben, solange du möchtest.

So eine kleine Reise biete ich dir immer wieder an. Ich bin lediglich der Rahmen für diese Reise, ich bin wie ein französischer, galanter Herr, der dir die Hand reicht und die Tür zum Schlaraffenland aufhält. Erleben musst du es schon selbst. So eine Hilfe war früher nur sehr auserwählten Menschen vorbehalten. Jetzt hat jeder Mensch die Möglichkeit, in das Feld der Einheit zu gleiten.

Dennoch kommst du wieder aus diesem Feld heraus, du betrittst den Alltag, wie du es nennst. Doch dieser Alltag

wird von deinen Erfahrungen in der Einheit gespeist. Sei nicht enttäuscht oder traurig, wenn du noch nicht immer dort sein kannst. Wie schon erklärt, ist es deine reine Absicht, immer wieder, auch mit einem kurzen Gedankenumschwung, mit der Hand auf dem Herzen, eine mehr oder weniger starke Prise von der Energie der Einheit zu spüren, um es dann in das tägliche Leben zu integrieren. Kryon würde sagen: „Dein interdimensionales Bein verstärkt sich." Ich kann das bestätigen. Stelle es dir gerade vor deinem inneren Auge einmal vor. Du nimmst durch deine Einheitserfahrungen, wie immer sie auch sein mögen, eine Spur dieser Liebesenergie mit in den Alltag, immer wieder und wieder. Das bringt natürlich auch eine Unterstützung für deine Klärung der alten Muster mit sich. Alte Prägungen aus diesem oder anderen Leben werden in ihrer Auflösung unterstützt. Die Einheit weiß, was du loslassen solltest. Sie wirkt, und du stellst vielleicht voller Überraschung fest, dass bestimmte Ängste nicht mehr da sind. Sie sind einfach weg, sie haben sich aufgelöst. Du hast eigentlich nichts dafür getan. Eigentlich. Das alles wiederum unterstützt natürlich auch den Turboweg. Wenn du dir sagst: „Es gibt's nichts für mich, außer in die Quelle von allem, was ist, zu gelangen", dann wird dein Fokus so ausgerichtet sein. Das beinhaltet, die Einheit reicht dir ihre Hand, dein Höheres Selbst packt mit dir gemeinsam die Koffer zur Reise nach Hause. Nur – spannenderweise brauchst du nichts Irdisches für deine Reise. Im Koffer sind lediglich alle Erfahrungen, die du hier auf der Erde machtest. Hm, was ist noch zu tun?
Es ist deine Ausrichtung, die entscheidend ist. Wenn du

die reine Absicht hast, dich zu verlichten, dann werden dir die kleinen Helfer (im Anhang) und die großen Helfer, wie ich es einer bin, als Unterstützung gegeben. Du musst dich auf die Einheit, dein Höheres Selbst, das in der Einheit lebt, ausrichten. Du musst dich so fühlen, als wärt ihr EINS, nicht zwei. Ihr seid nicht getrennt. Lass uns noch einmal in Verbindung mit deinem Höheren Selbst sein. Schließe deine Augen, lege eine Hand auf dein Herz und frage dein Höheres Selbst, was zu tun ist. Lausche, welche Hinweise jetzt für dein Leben kommen. Dies können ganz praktische Tipps sein, die deinen Alltag leichter werden lassen. Lausche!

Die Einheit, das Feld von allem, was ist, ist nicht weit weg, es ist neben dir. Es scheint lediglich ein Schleier davor zu sein. Es ist, als würdest du in eine dunkle Höhle gehen und vor lauter Dunkelheit nichts sehen. Diese Dunkelheit ist die Einheit, innen drinnen ist dein Höheres Selbst. Es reicht dir eine Hand entgegen, du kannst es spüren und reichst ihm deine Hand. So fühlst du dich vielleicht im Moment. Aber es ist, als würde plötzlich, wie eine Lampe mit einem Dimmer, das Licht langsam angehen. Ganz langsam erkennst du dein Höheres Selbst. Es hat für dich eine Form angenommen, die passend für deine Entwicklung ist. Vielleicht brauchst du eine mütterliche Präsenz oder eine stärkende väterliche. So wird es sich darstellen. Ihr steht wie in einer dunklen Höhle einem sanften Licht gegenüber und nehmt immer mehr Kontakt auf. Vielleicht magst du dir jetzt dieses Bild, das ich eben beschrieb, vor dein inneres Auge holen. Imaginiere diese Szene. Lass dir ein bisschen Zeit dabei, bis du es gut sehen kannst. Wenn du noch ein bisschen Zeit brauchst, um das Bild zu sehen, gehe immer wieder in diese Begegnung hinein. Das Bild wird sich verstärken, dafür sorgt schon dein Höheres Selbst. Was es braucht, ist deine reine Absicht und deine Geduld.

So stehst du also Hand in Hand mit deinem Höheren Selbst in der dunklen, wärmenden Höhle der Schöpfung, der Suppe von allem, was ist. Es ist das Land der unbeschränkten Möglichkeiten. Ihr wandelt gemeinsam immer mehr durch dein irdisches Leben. Ihr bringt die warme, dunkle Kraft der hohen Schöpfung in deinen Alltag und in den der anderen. Denn was immer auch geschieht, es ist nie nur für dich allein. Immer für alle anderen auch. Mit der Weisheit deines Höheren Selbst wirst du jetzt dein Leben in die Hand nehmen. Was immer ihr anvisiert, konstruiert, plant, es wird sich manifestieren. Die Kraft dafür ist da. Deshalb ist es gut, sich als ein Ganzes zu überlegen, was in das irdische Leben treten soll. Ist es ein Leben in der Stille, irgendwo auf dem Land, am Meer oder in den Bergen? Vielleicht auch in einer Gemeinschaft mit anderen, um das Licht des EINEN auf die Erde zu bringen und zu verankern? Oder ist es aktiv, indem ihr andere – auf welche Art auch immer – lehren wollt, diese Einheit zu erfahren? Oder wählst du den Weg des einsamen Ritters, der sich allein auf den Weg macht, wie ein Pilger, der hier und dort das Licht des EINEN verankert? Immer von einem Ort und Platz zum anderen ziehend, ohne Ziel, einfach so.
Es gibt keine Begrenzungen auf dem Weg der sogenann-

ten Erleuchtung. Es gibt keine Wertung, keine Vergleiche, wer wo steht und wer was ist. Das sind dualistische Paradigmen. Das Ego (Persönlichkeit) stellt solche Gedanken an. Das Göttliche, das du bist, nicht. Es spielt keine Rolle, wo man steht, was man ist, was man verkörpert. Die Frage, die sich jetzt immer mehr stellen wird, ist: Was ist zu tun? Du wirst es wissen. Dein Höheres Selbst aus dem Feld deiner Einheit verbindet sich mit dem irdischen Teil, das es ist, und gemeinsam wird das Leben in die Hand genommen. Es wird verlichtet und damit öffnen sich neue Potenziale. Dies sagen wir schon seit Langem, und es ist wichtig, es tiefer zu verstehen. Wenn du dich verlichtest, mit deinem Höheren Selbst immer stärker vereinigst, wirken kein Karma mehr, keine anderen Prägungen, kein Horoskop, das auf dein irdischen Leben ausgerichtet ist, keine Dinge oder Taten müssen erledigt werden, du bist frei.

Du bist frei!

Wenn du nicht mehr konditioniert bist, müssen keine Taten mehr sein, die aus alten Prägungen abgeleitet sind. Es ist nichts mehr zu erfüllen. Ist das nicht wunderbar? Was passiert nun? Dein Höheres Selbst schöpft mit dir gemeinsam aus dem Feld der Einheit neue Potenziale, neue Ideen, die auf der physischen Erde umgesetzt werden. Was immer das auch sein möge, du wirst es wissen. Doch ich bin sicher, es hat etwas mit dem Dienst an der Erde zu tun. Das kann vielfältig sein, eben auch nur im Sein zu sein. Das gefällt dir? Ja, nun gut, dann sei es so. Nein, du möchtest lieber aktiv sein? Gut, dann sei es so. Es wird so sein, wie es für dich passt. Deine Strukturen, wie du hier auf die Erde gekommen bist, werden dafür genutzt und einige interdimensionale Qualitäten werden aus deiner DNS abgerufen. Immer dann, wenn sie gebraucht werden, sind sie da. Wenn nicht, gehen sie wieder zurück. Das Ganze geschieht ohne große Seminare, Lehren oder dicke Bücher. Du schöpfst einfach aus deinem eigenen Wissenspaket. Ist das nicht eine wunderbare Vision?

Nun lass dich treiben und in Liebe des Höheren Selbst tragen. Verweile noch ein bisschen in der Höhle. Du bist auch neugierig? Dann erfrag dich doch selbst, was wann, wie, wo demnächst in deinem Leben ansteht.

Teil 3

„Der kosmische Witz" - Schlusswort von Saint Germain

Nun verabschieden wir uns offiziell. Oder vielleicht sollte ich sagen: Es scheint so, als würden wir uns verabschieden. Du legst das Buch beiseite und sagst dir: „Oh schade, es ist schon zu Ende." Oder du sagst: „Na, das war's dann, ganz nett, aber wirklich mehr weiß ich nun auch nicht. Das kenne ich doch alles." Wie dem auch sei, es ist deine Meinung oder die deines Egos (Persönlichkeit). Wer oder was hat dieses Buch, dieses Energiepaket, bewertet? Ich frage dies nicht, weil ich eitel wäre, nein, ich mache dich nur auf etwas aufmerksam. Es ist der Schritt zurück ins Ego (Persönlichkeit), wenn man etwas energetisch beendet. Wenn man zurückkommt aus einer Meditation, einer inneren Reise, einem Naturspaziergang. Du sagst: „So, nun machen wir weiter, nun gehen wir in den Alltag zurück. Mal sehen, was sich verändert (hat)." Und: Was hat sich verändert? Nichts. Hm, es ist für dich nicht sichtbar, was sich an dir, an deinem Körpersystem verändert hat, das ist wohl wahr. Deine Kopfschmerzen, unter denen du vielleicht öfter leidest, sind immer noch da. Du hattest doch gedacht, vielleicht auch schon bei häufigem Hören und Genießen der „Goldenen Welle" und nun beim Lesen dieses Buches, es müsse doch eigentlich weg sein. „Bei so viel hoher Energie sollte es sich wirklich schon aufgelöst haben", denkst du. Hm, sage ich noch mal und frage dich: „Was mag wohl der Grund für deine Kopfschmerzen sein? Was verkrampft sich in dir, wenn du deinen Weg in den sogenannten Alltag wieder aufnimmst, wenn du dein dualistisches Bein, wie Kryon es nennt, in Bewegung setzt? Gefällt dir dein Alltag nicht? Hast du Sehnsucht nach einer noch größeren Prise Einheit?“ Nun, dann hilft es nichts, du musst deinen Alltag be- und durchleuchten. Was verursacht deine Verspannung im Nervensystem und bringt dir den Kopfschmerz? Das wäre zu untersuchen.

Du sinnierst: Einige Ärzte haben dir schon versucht zu helfen, aber der Kopfschmerz ist immer noch da. Es wurde versucht, die Symptome zu bekämpfen, aber der Grund des Kopfschmerzes wurde nicht beleuchtet. Willst du es nun einmal mit mir versuchen, den Schmerz interdimensional zu beleuchten? Wohlan, gehe an die Stelle deines Kopfes, wo der Schmerz sich am stärksten ausdrückt, gehe tief hinein, spüre den Schmerz mit aller Wucht, versuche, nicht zu fliehen. Halte aus und bleibe an der Quelle der Verspannung. Nun schicke ich dir ein Bild. Ein Bild aus deinem Alltag, aus ganz anderen Erfahrungen, Erlebnissen aus anderen Leben etc. Wie ein spannender Film läuft jetzt vor deinem inneren Auge der Grund deines Kopfschmerzes ab. Oder du bekommst immer wieder ein Bild in verschiedenen Varianten. Das Bild kann auch inneres Wissen sein. Wenn ich hier von einem Kopfschmerz spreche, meine ich natürlich auch andere körperliche Symptome. Es können auch Ängste sein oder traurige Gefühle, die dich erreichen, wenn du aus dem Gefühl der Einheit zurück in die irdische Realität trittst. Also, alles, was dich noch tief bewegt, was dir dein Leben schwer macht, können wir gemeinsam durch das Fokussieren auf den Schmerz, die Emotion des ganz tiefen Eindringens in den Grund, in die Heilung führen. Es gibt nichts, was nicht heilbar wäre. Es ist das Feld der Einheit, das alle diese alten Speicherungen verlichtet und dich befreit. Manchmal möchte es jedoch, dass du dir des Symptoms bewusst bist.

Wie alles im Leben ist dies natürlich ein Prozess. Du wirst nicht auf einmal all deine Wehwehchen körperlicher, psychischer Natur mit einem Schlag erlösen. Das würde dein System nicht verkraften. Denn es können ja auch Krücken sein, die dich das Leben leben lassen, in der Form, wie dein Ego (Persönlichkeit) es meint, wie es sein müsste. Die Struktur des menschlichen Lebens, das Angebot in dieser Zeitschiene, wie ein Leben zu leben sei, bringt es mit sich. Alle Menschen sprechen von altersbedingten Krankheiten, von Ansteckungen durch Viren und Bakterien, von Erschöpfung und vielem mehr. Und du meinst, es müsse so sein. Warum? Frag dich, warum das so sein sollte. Stelle das alles infrage. Ein Mensch muss nicht krank sein. Ein Mensch muss nicht mit siebzig Jahren zum alten Eisen gehören. Ein Mensch muss nicht gewissen familiären Strukturen zufolge gewisse Rollen übernehmen und leben, Eltern, Großeltern oder Kinder zu sein. Du bist ein multidimensionales Wesen, das Erderfahrungen hat.

Wenn du kurz in ganz alte Zeiten gucken würdest, könntest du sehen, dass es die Formation von der jetzt üblichen Familie nicht gab. Die Menschen lebten in Gemeinschaften. Wenn sich jemand vermehren wollte, wenn eine

Seele auf diesem Planeten durch eine Geburt als kleines unbeflecktes Wesen geboren werden wollte, dann gebar ein Wesen diese neue Seele. Dazu brauchte es keinen anderen Part, kein männliches Pendant. Es reichte die Absicht, dass es so geschehen sollte. Es war eine Absprache zwischen dem Gebärenden und der anderen Seele, die hierherkommen wollte. Die Gemeinschaft übernahm dann die Einweisung des neuen Menschen, gab Geborgenheit und Wissen.

Damit will ich dich animieren, zu prüfen, was für dich zu leben stimmig ist. Was möchtest du leben? Die nächste folgende Frage wäre: Welche interdimensionalen Speicherungen, Ideen kommen an die Oberfläche, die gelebt werden wollen? Ideen, die du in anderen Zeiten nicht hättest leben wollen oder können. Jetzt bietet es sich an, neue Varianten des Lebens hier auszuprobieren. Mit oder ohne Angehörige, Freunde, Kollegen. Es bedarf einer längeren Phase des Sich-damit-Befassens, um ganz zu verstehen, was das letztlich bedeutet. Du bist niemandem etwas schuldig, auch deinen Kindern, deinen Eltern, den Großeltern oder deinen Freunden nicht. Niemandem. Das wirklich in seiner Tiefe zu erkennen und anzunehmen, ist ein Prozess. Wer das verstanden hat, ist sicher schon oft in der Schwingung der Einheit gewesen. Durch die Angebote in diesem Buch oder anderen, die sich für dich stimmig anfühlen. Oder du bist einer dieser Naturfreunde, die sich fast nur im Freien aufhalten und somit mit der göttlichen Kraft in der Natur eng dem Feld der Einheit verbunden sind.

Wer sich ganz tief im Inneren mit sich selbst beschäftigt, kommt unweigerlich zu der Erkenntnis, ich bin Gott im Außendienst, wie wir es gern nennen. Was kann ich noch tun, um diesen Dienst zu erweitern? Wer im Inneren tief mit sich und dem Kosmos verbunden ist, hat nur noch im Sinn, die Liebe der Einheit auf der Erde zu vernetzen, zu verweben. Er möchte alle anderen mit diesen wunderbaren Erfahrungen anstecken, Ähnliches zu erleben. Er möchte nicht missionieren, sondern einfach nur helfen, die Einheit zu spüren.

Diesen Wunsch hatte auch Barbara tief in sich, wie viele andere, die Ähnliches tun, es auch haben. Wie ist es mit dir? Was ist dein tiefster Wunsch? Was möchtest du tun, erleben, nicht tun? Du bist der Schöpfer deiner Realität. Das hast du schon oft gelesen, ich weiß. Aber mit den Erlebnissen im Feld der Einheit, mit deinem Höheren Selbst, bekommt dieser Satz eine noch tiefere und klarere Bedeutung. Du verstehst plötzlich, wo der Schlüssel zu einem erfüllten glücklichen Leben hier auf der Erde versteckt ist. Es geht beim Manifestieren nicht um das Luxusauto und das Eigenheim. Das Auto kann nebenbei auch in der Garage des Hauses stehen. Das sind Attribute, die man zu schätzen weiß und in Liebe pflegt und benutzt. Aber die tiefe Sehnsucht in dir lässt dich das Leben als solches manifestieren, was du immer leben wolltest. Du wirst in die Wege geführt, ob du ein Technikinteressierter bist oder das Natürliche liebst, es tritt das in dein Leben, was für dich jetzt passt.

Lehne dich in diesem Moment noch ein bisschen zurück. Lass uns noch einmal in die Verbindung zu dir selbst gehen. Es ist für viele von euch Erwachten ein nicht leichter Schritt, das Höhere Selbst als die nächsthöhere Instanz der Schöpfung zu akzeptieren und die Verschmelzung zuzulassen. Denn das Ego (Persönlichkeit) versucht immer wieder, das Zepter zu schwingen, auch aus Angst, nicht mehr so wichtig zu sein. Fühle nun die Hände deines Höheren Selbst auf deiner Schulter und nimm wahr, wie sich dein Körper verändert. Vielleicht wird dir heiß oder kalt, vielleicht zucken gewisse Körperteile. Sie reagieren auf die Energieveränderung. Dann fühle die tiefe Wärme in deinem Herzen. Leg auch gern wieder die Hand auf dein Herz. Verweile so einen Augenblick, ohne etwas zu wollen. Nun frage in dich hinein: „Was wollen wir als Nächstes tun?" Prompt wird die Antwort kommen – als ein Wort, als ganzer Satz, als inneres Bild, als eine Gewissheit, die wir intuitive Wahrnehmung nennen. Du spürst nun in dir: „Ja, das ist es, das sollte ich jetzt tun." Nun bekommt die Bekennung zum ICH eine neue Bedeutung, nicht wahr?

Nun legst du sicher irgendwann das Buch beiseite, erhebst dich und denkst über das eben Erlebte und Gehörte nach. Vielleicht hattest du auch noch ein paar Fragen zu der Antwort, die auch sofort kamen. Jetzt, in deinem Alltag, verblassen diese Antworten meist etwas, denn das Ego (Persönlichkeit) möchte wieder das Zepter übernehmen. Das ist verständlich. Nun ist es die Kunst, dies nicht vollends zuzulassen. Wir empfehlen, bei wichtigen Fragen die Antworten zu notieren. In Form eines Tagebuches lässt es sich das gut verwalten. So kannst du immer wieder nachlesen, was dein Höheres Selbst dir aus dem Bereich der Einheit vermittelte. Immer wieder kannst du damit jonglieren, es durchdenken. Vielleicht tauchen dabei neue Fragen auf. Dann gehst du wieder in diese Verbindung. Warte aber, bis du entspannt bist, dich wohlig fühlst, bis du die Fragen stellst. Das ist wichtig. So kannst du dein Leben auf die Göttlichkeit, auf die Einheit ausrichten. Damit sind alle Probleme klärbar, verständlich geworden und auch lösbar.

Sich auf das Feld der Einheit immer mehr auszurichten, verändert das Leben ungemein. Andere Arten zu leben kommen ins Feld, wollen umgesetzt werden. Lass mich dir noch vermitteln, dass diese Dinge nicht unbedingt mit Begeisterung von deinem Umfeld aufgenommen werden. Du brauchst ein dickes Fell, wie du gern sagst, um trotzdem deinen Pfad zu halten. Ab und an wirst du allerdings für deine neuen Ideen großes Lob ernten. Es wird mehr und mehr Menschen geben, die dich verstehen, die ihren eigenen Weg der Verlichtung gehen. Wie schon gesagt, kann ihr Weg ganz anders sein.

Ab und an kommen nette Menschen um die Ecke, die dich in den Arm nehmen oder dich lobend streicheln, ob körperlich oder verbal. Dann denkst du manchmal: „Komisch, dass die gerade jetzt auftauchen, wo ich so am zweifeln bin.“ Ist das nicht wahre Synchronisation? Man könnte auch sagen: Dein Höheres Selbst hat dir aus der Einheit eine Situation erschaffen, die dich ermutigt, weiterzugehen. Ist das nicht wundervoll?

Ein wichtiger Helfer auf dem Weg zurück nach Hause ist der Humor. Humorvolle Menschen – das kennst du sicher von dir selbst oder aus deinem Umfeld – nehmen das Leben ein bisschen leichter. Oder sie haben zumindest einen Draht auf ihre Art zum Universum, der eine Leichtigkeit mit sich bringt. Warum wollen viele sich spirituell entwickelnden Menschen das alles mit viel Ernst tun? Warum nicht mit einem humoristischen Bein den Weg beschreiten? Humor gibt allem eine gewisse süße Leichtigkeit. Wer sich einmal so richtig ausgelacht hat, ich meine, sich fast ausgeschüttet hat mit tiefem Lachen, spürt eine gewisse Leere in sich. Eine tiefe Leere, die sich sehr gut anfühlt, die frei ist. Man ist befreit von Altem, so fühlt es sich an. Ebenso ist es übrigens beim Weinen. Wer weint, klärt sich. Wer richtig tief und kräftig weint, hat am Schlüssel zur Einheit gedreht. Die Tür ist weit offen. So sind Humor und Weinen lediglich zwei Seiten einer Medaille der Transformation.

Ich werde jetzt deinen interdimensionalen und menschlichen Humor aktivieren. Es ist verrückt, aber es gibt einen Punkt in deinem Zwerchfell, den kann ich stimulieren, und der Reflex, sich humoristisch mit Lachen auszudrücken, wird gefördert. Alle Menschen sind mit diesem Reflex dieser Ausdrucksweise geboren. Doch durch die vielen Leben wurde er zugepflastert mit anderen Erfahrungen. Vielleicht bist du in diesem Leben auch mit der Idee gekommen, den Pfad der Ernsthaftigkeit zu beschreiten, ohne eine große Prise Humor. Humor ist wie eine Reinigung. Im Kosmos ist Humor eine wunderbare Ausdrucksform. Wir hier auf der anderen Seite des Schleiers haben bei unseren Tagungen miteinander ein Feld der Leichtigkeit sozusagen auf der Tagesordnung. Humor befreit, reinigt, macht frei und gibt einem die Möglichkeit, Dinge, Geschehnisse, Muster von einer anderen Seite zu sehen. Und so manches irdische Problem wird durch eine humoristische Sichtweise unwichtig, löst sich auf. Du wirst aus deinem Leben ähnliche Erkenntnisse haben. Vielleicht erinnerst du dich gerade an einige Situationen.

Humor macht das Leben angenehmer, interessanter, weil man damit viele Schwellen überwinden kann und sich öffnet für neue Sichtweisen, neue Menschen, neue Schritte im eigenen Leben.

Eigentlich ist alles, was wir hier besprechen, was ihr und ich erlebe, ein kosmischer Witz. Warum? Weil es uns eigentlich gar nicht gibt. Wir sind lediglich ein Gedanke einer noch höher schwingenden Wesenheit, Instanz, Gedankenformation. Die Mystiker sagen oft: Wir werden geträumt. Uns träumt jemand, irgendwer, irgendwo. Wir spazieren in den Träumen einer hohen Schöpferkraft. Wie lang der Traum dauert? Keine Ahnung, ich weiß es nicht. Was geschieht, wenn der Träumer aufwacht? Sind wir dann alle aufgelöst? Das weiß ich auch nicht. Aber ich bin mir sicher, dass es Anteile dieses Wesen gibt, die uns „aufbewahren" als Elemental, als Gedankenkonstrukt. Was wir dann weiterhin tun? Weiß ich auch nicht. Lassen wir uns überraschen. Ist das nicht wirklich komisch? Wir machen uns hier so viele Gedanken, Ideen-Konzepte erdenken wir, um mehr über uns zu erfahren, wer wir sind, und eigentlich ist es nur ein Traum, oder? Ich wünsche frohe Stunden im Feld der Einheit, dem Stoff, aus dem die Träume sind. Wer oder was träumt dich, träumt mich? Wir könnten uns auf einer inneren Reise mit diesem Wesen beschäftigen. Wir könnten weit und hoch reisen, um das herauszufinden. Am Ende lachen wir sicher ganz laut. Träumen wir uns vielleicht selbst?

In diesem Sinne wünsche ich frohes Erwachen!

Saint Germain

„Wer ist der Boss?" Persönliche Erfahrungen von Barbara

Einer der Lieblingssätze des lieben geistigen Freund und Meister Kryon ist: „Es ist nicht so, wie es scheint!" Diese Aussage kann ich jetzt immer mehr verstehen. Er meint es sicherlich nicht nur auf das menschliche äußere Sehen bezogen, sondern er guckt sicher interdimensional. Er sieht viele Begebenheiten unserer Leben aus einer höheren, weit umspannenden und weisheitlichen Sicht. Die wiederum mit sich bringt, dass Kryon alles ohne Wertung sieht. Das trifft natürlich auf alle Meister, die nicht mehr auf der Erde weilen, zu. Auch für die, die jetzt in dieser Zeit entweder direkt noch mal einen physischen Körper gewählt haben oder nur ab und an in einem Körper sind, um hier tätig zu sein. In welcher Form das immer auch geschieht. Manchmal ist der Mensch sich dessen bewusst, manchmal nicht. Manchmal gibt der Mensch bewusst Informationen und Energie weiter, wie ich es tun darf, oft ist dies nicht so. Da sprechen sie einfach mit Menschen oder geben Energie an sie weiter. Das „Medium" selbst und alle umstehenden Menschen sind erstaunt, was da gerade passiert. Selbstverständlich haben die Aufgestiegenen Meister oder andere höher schwingende Wesen vorher Kontakt zum Höheren Selbst desjenigen aufgenommen. Das erfordert das kosmische Gesetz. Niemals würde ein solches Wesen, eine solche Entität, dies einfach so tun.

„Es ist nicht so, wie es scheint", könnte man noch dazu sagen, weil kein geistiger Kontakt einfach nur so geschieht, ganz plötzlich, ohne Ankündigung, zufällig oder wie aus heiterem Himmel. Es ist im Ablauf derjenigen, die dies tun wollen, vielleicht schon außerhalb von Raum und Zeit geschehen. Im Feld von allem, was ist, der Einheit. So könnte es auch schon vorgestern passiert sein, doch es wird erst in dem Moment, wo es gebraucht wird, physisch sichtbar und aktiv, es passiert dann. Wenn wir dieses Buch nehmen, ist es genauso. Ich habe mich im Juni 2015 ans neue Buch gesetzt. Begonnen habe ich schon im Dezember 2014. Da stellte ich aber nach drei Kapiteln fest: Es ist nicht der passende Zeitrahmen. Ich war – warum auch immer – nicht bereit, weiterzuschreiben. Im Juni 2015 hab ich dann gespürt, es passt, jetzt kann es weitergehen. Das Faszinierende dabei ist, ich musste mich nicht noch mal hinein vertiefen. Ich hab mich „nur" mit Saint Germain innerlich und innerlich bildlich und kommunikativ verbunden, hab ein bisschen mit ihm geplaudert und gefragt, ob es jetzt passt. „Mein Büro ist aufgeräumt, der Schreibtisch fast leer, ich wäre jetzt auch stimmungsmäßig bereit", sagte ich ihm. „Gut", antwortete er, „dann soll es so sein."

Ich habe Saint Germain noch eine Weile angeschaut, um mich zu vertiefen und begann zu empfangen. Danach hab ich die Augen geschlossen und fing an zu schreiben. Das ist es ja, was ich tue. Ich habe nichts gedacht, nichts getan, außer zu schreiben. Es rauscht durch mich hindurch. Das Spannende dabei ist außerdem, es ist wohl in der Form als Paket schon lange da. Saint Germain spricht nicht erst jetzt. Wann er das tat, weiß ich nicht. Dieses Gedankenpaket war im Feld als Konstrukt schon geformt. Ich verstehe es so, dass es dann in meinem Kausalkörper deponiert wird. Dort kann ich es jederzeit abrufen, wenn es für mich passt. Nun wähle ich irdisch natürlich eine Zeit, wann es für mich richtig ist. Der Mensch Barbara braucht einen aufgeräumten Schreibtisch, keine Seminartätigkeit und ein paar Wochen Ruhe mit Zeit für kleine Spaziergänge und Mittagsschläfchen mit Karlchen auf dem Bauch. Das sind meine Vorstellungen, wie es zu sein hat. Ich könnte, und das habe ich auch schon bei einem anderen Saint Germain-Buch getan, auch immer mal zwischen den Seminaren ein Kapitel empfangen. Es ist nicht besser oder schlechter. Das bewerte ich nur als Barbara, was passender für mich ist. Interessant war bei dem eben erwähnten Buch auch, dass sich dieses Schreiben über ein Jahr vollzog. Ich schrieb immer mal ein Kaptitel. Eines, nächsten Monat noch eines, wie es sich ergab, Saint Germain stand dann plötzlich immer mal da und sagte: „Schreib jetzt, du wirst sehen, es flutscht." Tat es auch. Ich habe nie zwischendurch mal in die anderen Kapitel reingeguckt. Und am Schluss, beim Durchlesen, war ich erstaunt, wie alles zusammenpasste.

Es ist nicht so, wie es scheint. Der Mensch Barbara denkt immer noch, er müsse ein Buch mit dem Verstand angehen, müsse es zeitlich so und so einteilen, müsse wissen, was im vorherigen Kapitel stand. Doch das ist überflüssig. Es passt immer. Dieses Buch habe ich ganz „lässig" empfangen. Lässiger als jedes zuvor. Und ich erntete ein Lob von Saint Germain: „So entspannt habe ich dich noch nie schreiben gesehen." Das tut gut. Damit will ich sagen, ich habe erkannt, es geht auch entspannt, voller Vertrauen, ohne mein Ego (Persönlichkeit). Es fühlt sich sehr gut an, aus dieser Qualität geschrieben zu haben.

Wie auch bei all den anderen Büchern, war ich beim Empfangen in eigenen Prozessen. Verbunden damit war auch, dass dieses Buch in einem eigenen Verlag erscheint. Das ist – wie man so schön sagt – auch nicht auf meinem „Mist" gewachsen. Denn ich war und bin mit dem Nietsch Verlag, wo meine bisherigen Bücher fast alle erschienen sind, sehr zufrieden. Saint Germain, andere geistige Freunde und mein Höheres Selbst legten es mir dennoch ans Herz. Das geschah schon vor vielen Monaten. Doch auch der Mensch Barbara kann gut verdrängen. Ich dachte bei mir: Ich habe genug Arbeit, ich bin mit der bisherigen Lösung sehr zufrieden, warum soll ich ... Aber wie das so ist, wenn die Optionen schon klar geformt sind und sie nur darauf warten, sich zu manifestieren: Er ließ nicht locker. Irgendwann erschien mir im Traum diese Idee als Gestalt, der Verlag stellte sich mir als männliche, kräftige, klare, wenngleich auch sehr sanft wirkende Gestalt da, die in weiblicher, liebevoller Art mir vermittelte, wie schön es doch sei, wenn ich sie / ihn gebären würde. Tja, so ist es. Nun gibt es den Strahlenverlag.

Den Titel gab mir Saint Germain. Als ich ein bisschen

murrte, weil ich ihn so alt-esoterisch fand, angelehnt an die Göttlichen Strahlen, vermittelte er mir, ich könne ja noch überlegen, ob mir etwas anderes einfiele. Es ist wirklich sehr eigenartig, ich habe ein paar Tage sinniert, aber alles, was ich mir so irdisch ausdachte, verwarf ich wieder. Dann war mir klar, der Titel war schon geboren, eben dieses Wesen, das sich mir im Traum zeigte. Strahlenverlag. Dabei zeigte mir Saint Germain noch die Wirkungsweise des Saint Germain-Kongresses. Dieses Bild hatte er mir einmal vor einigen Jahren vor dem 1. Kongress gegeben. Ich sah einen großen Stern, der viele Strahlen aussandte. Das seien die Menschen gewesen, die an dem Kongress teilnehmen, die Gäste sowie die Referenten. Sie geben und nehmen Göttliche Liebe, die wiederum sich ausdehnt, erweitert, wo immer diese Menschen sich hinbewegen. Das fand ich sehr begeisternd. Wie Strahlen verbreiten und vernetzen sich die vielen göttlichen Informationen, die bei hoch schwingenden Kongressen, Seminaren von gleich gesinnten Menschen gegeben werden und aus dem eigenen Herzen entstehen. Eine schöne Vorstellung. So strahlen wir jetzt. Und so strahle ich jetzt aus Freude über diesen neuen Verlag.

Es ist nicht so, wie es scheint. Das Buch ist jetzt fertig, die Informationspakete sind in und zwischen den Zeilen der Worte und Sätze deponiert. Es wirkt. Es wirkt auf die Art, wie wir es brauchen, und wie Sie, liebe Leserinnen und Leser, es für Ihren Alltag gebrauchen können. Nach vierzehn Jahren Seminar- und Einzelsitzungsarbeit darf ich wirklich sagen: Es ist wunderbar, mit dieser hohen Göttlichen Energie zu arbeiten und in ihr zu sein. Es ist so fruchtbar, mit den geistigen Freunden und Meistern zu arbeiten, ihr Medium zu sein. Und es ist so beglückend, immer mehr mit dem Sein, was ich eigentlich bin, zu verschmelzen. All diese Anleitungen, die Saint Germain hier gegeben hat, sind natürlich auch meine Erfahrungen. Ich habe alle Anregungen ausprobiert. Er und auch andere Meister haben mich durch viele Erfahrungen geführt, die mir zum Teil unverständliche Erkenntnisse brachten, die ich dann erst einmal verarbeiten musste. Denn vergessen wir nicht, wir sind immer noch mit einem starken Bein hier auf der Erde und unser Ego hat immer wieder Einwände bezüglich der Ideen, die wir umsetzen wollen. Es vermittelt auch mir Zweifel und Ängste, die scheinbar ganz tief sitzen und ganz sicher auch kollektiv sind. Denn ich bin überzeugt, wir alle, die diese Wege in der Intensität jetzt gehen, sind hier, um kollektiv zu arbeiten. Wir tun nie etwas nur für uns allein. So ist es manchmal, als würden sich unsere Egos, wie jetzt bei den vielen Tarifverhandlungen in Deutschland, zusammentun und gegen unsere Bewusstseinserweiterung protestieren. Wer hat schon Lust, beiseite geschoben zu werden oder gar in einen Verschmelzungsprozess zu gehen?

Ich muss jetzt herzhaft lachen, weil ein Teil in mir nickt. Trotzdem, wir gehen weiter und weiter. Ich danke meinem Ego, meiner Persönlichkeit natürlich für all die tollen Hilfen, die Denkvorstöße in tiefere unerforschte

Gebiete, für den kleinen Tritt, wenn ich mal keine Lust hatte, irgendetwas zu tun. Denn natürlich hab ich auch mal keine Lust, Seminare zu geben. Manchmal ist das so. Dann haben Ego und Persönlichkeit liebevoll, aber klar mir einen Tritt in den Po verpasst. Es geht weiter, haben sie mir vermittelt, was sollen die Leute von dir denken, wenn du nicht gut gelaunt und voller Freude bist? So ein Gedanke, der hereinkommt, „sitzt" natürlich.

Ich habe selten keine Lust, Seminare zu geben, ich liebe diese Arbeit. Aber ab und an bin ich auch erschöpft, weil auf der Erde so viel los ist. Aber wie gesagt, auf dem Sofa zu hocken ist es dann auch nicht, das Ego piekt mich und packt mich bei meiner Eitelkeit oder bei dem Erziehungsmuster, dass man Versprochenes einhalten muss und Menschen nicht enttäuschen darf, und dass Faule nicht in den Himmel kommen ... Nein, Letzteres denke ich natürlich nicht. Aber ich stamme aus einem Geschäftshaushalt, wo die Firma immer Vorrang hatte. Arbeiten gehört zum Leben, wurde mir vermittelt. Das sitzt sicher sehr tief.

So geht es immer weiter. Um nochmals auf die Hilfen, Schritte, Ideen von Saint Germain und Freunden, die in diesem Buch angeboten werden, zu kommen: Der Weg in die Einheit ist wirklich sehr viel leichter als in anderen Zeitschienen, zu anderen Ären der Erde. Ich kann mich immer mal wieder an Situationen erinnern, bei denen ich in alten Mysterienschulen – auch mit Saint Germain – viele Jahre und auch Leben verbrachte. Die Situationen, an die ich mich erinnere, waren nicht immer unbedingt freudvoll. Viele harte Lehrstunden und Prüfungen sind mir da in den Sinn gekommen. Auch, dass ich durch Tod, weil ich Prüfungen nicht bestand, die Erde verließ. Ich bin sicher, dass viele von uns dies erlebten. Insofern ist es tatsächlich viel leichter, in die Energie der Einheit zu kommen. Dennoch haben wir viel Ablenkung. Nicht nur von unserem Ego (Persönlichkeit), sondern auch von den täglichen Erlebnissen im Alltag mit all den Menschen und Herausforderungen, die um uns herum sind. Man muss sich immer wieder zentrieren. Das merke auch ich täglich. Immer wieder mal eine Hand auf das Herz legen, ist wirklich sehr hilfreich, um dann zu gucken, wo stehe ich, was will ich jetzt eigentlich?

So sind wir auf einem sicheren, wenngleich auch manchmal wackeligen Pfad. Doch der Pfad ist gut beleuchtet, wie Jeshua immer vermittelt, wir müssen lediglich Vertrauen haben, dass es so ist. Das mit dem Vertrauen ist natürlich auch so eine Sache. Uns fehlt oft das Urvertrauen, dass uns nichts passieren kann. Das Gegenteil vermittelt die dualistische Welt uns sekündlich. Doch was kann uns schon passieren? Das Schlimmste wäre, wir verletzen uns oder verlieren sogar unser körperliches Gefährt. Letzteres ist auch nicht wirklich schlimm, denn es war doch nur ein Kleid unserer vielen Kleider im Schrank der Interdimensionalität. Wenn wir uns das ab und zu mal bewusst machen, wenn unser Ego wieder einmal alle möglichen Szenarien uns vorspielt, erkennen wir: Nichts ist wirklich dramatisch. Wir machen es nur zu einem Drama. Das Leben zu verlieren, auf die andere Seite des Schleiers zu gehen, steht wohl für viele Menschen jetzt an. Sie verlassen die Erde, weil ihre Zeit hier um ist, es ist ihr Wille, woanders oder wieder hier zu inkarnieren. Doch jetzt ist die Entwicklung der Erde in dieser Zeitschiene nicht mehr das Passende für sie. Das ist oft nicht leicht anzunehmen. Besonders, wenn es sich um nahe Angehörige oder Freunde handelt. Auch bei großen Unfällen, Katastrophen oder Kurzschlusshandlungen von Menschen ist man emotional betroffen. Dennoch ist einem nach längerem Sinnieren bewusst, es ist nichts, was zufällig ist. Wenn wir die Umstände anschauen, bemerken wir vielleicht den tiefen Sinn hinter dem Geschehenen. Letztlich wissen wir nicht, warum das Höhere Selbst derjenigen dieses Geschehen eingeleitet hat. Aber – es wird seine Gründe haben, auch wenn es für das menschliche Denken nicht unbedingt nachvollziehbar ist.

Die Angst vor dem Tod scheint ein sehr wichtiges Thema dieser Zeit zu sein. Ein Thema, das viele Facetten und tiefe Stempel in uns gebrannt hat. Wenn wir uns bewusst machen, dass es wirklich nur ein Übergang ist und wir danach andere Erfahrungen oder eine Weiterreise in andere Ebene des Seins anvisieren, bekommt all das einen anderen Geschmack.

Unsere restlichen Ängste vor dem Tod, vor dem Verlassen-Werden, vor dem Nicht-geliebt-zu-Sein sind immer noch kleine Barrieren, um die Kraft und Liebe des Höheren Selbst und der Einheit ganz oder teilweise erleben zu können. Sie bremsen uns noch aus. Es ist gut, sich jetzt diesen alten Prägungen zu stellen und sie loszulassen.

Und immer wieder werden wir uns auch die Frage stellen: Wer oder was entscheidet eigentlich mein Leben? Wer weiß oder vermittelt mir, was zu tun ist? Der Weg ist das Ziel, wie es so schön heißt. Immer mehr spüren wir, wenn wir, vom Ego inspiriert, das oder jenes tun wollten, wir etwas anderes tun, das sich sinnvoller, passender anfühlt. Wie das geschieht? Die leise Stimme des Höheren Selbst war das Zünglein an der Waage, es hat uns inspiriert, doch etwas „Besseres" zu tun. Diese innere Stimme, auch Intuition genannt, wird immer klarer, immer intensiver. Wir spüren auch öfter ein sogenanntes gutes Gefühl bei bestimmten Dingen, die wir tun. Wir wissen tief im Herzen, es ist passend. Diese innere Verbindung zum Feld der Einheit übernimmt und bestimmt mehr und mehr unser Leben. Die Frage, wer der Boss ist, wird immer interessanter zu beobachten. Ja, wer ist der Boss? Das Ego, das mit alten Konditionierungen arbeitet, oder das Höhere Selbst mit all den im Feld vorhandenen Potenzialen, die frei sind? Ich meine, die Antwort ist klar. Die Familie ist der Boss. Familie ist das Höhere Selbst mit einem etwas verknautschten, geknickten, geschrumpften und leicht beleidigten Ego (Persönlichkeit) im Arm. Das weise Höhere Selbst gibt dem Ego ab und an eine wichtige Aufgabe, ein Lob, dann wächst es wieder und steht in voller Präsenz im Rampenlicht, um dann wieder von der Hand des Höheren Selbst in den

Schoß der Familie zurückgeführt zu werden. Ein schönes inneres Bild, das ich gerade habe!

Nun wünsche ich Ihnen ganz viel Freude und Spaß auf Ihrem weiteren Weg. Wir treffen uns sicher in dem Feld der Einheit oder auf dem Weg dorthin!

Alles Gute!
Ihre Barbara Bessen

PS: Ich freue mich über Mails, die mir vermitteln, wie Ihnen das Buch gefällt und was es mit Ihnen macht, in welche Prozesse und schöne Erfahrungen Sie kommen. Ganz herzlichen Dank!

Anhang

Hilfen für das Einheits-Leben im Alltag

Die Herzhand
Lege die Hand auf deine Brust, verbinde dich bewusst mit deinem physischen und einem Heiligen Höheren Herzen, dem Sitz deines Höheren Selbst. Diese Übung verbindet dich mit deinem wahren Sein und gibt Gelassenheit, Ruhe und Klarheit. Es ist, wie schon mit einem Fuß in der Einheit zu sein.

Die Kraft der inneren Bilder
Sich mit seinen inneren archetypischen Ausdrucksweisen zu verbinden, bringt große Erkenntnisse, welche Themen noch nicht ausgeglichen sind. Beispielsweise ist ein innerer Besuch bei der inneren Frau oder dem inneren Mann eine gute Möglichkeit, die eigenen weiblichen und männlichen Seiten zu beleuchten. Generell sind innere Bilder eine Chance, das eigene Universum zu erforschen. Letztlich sind innere Bilder, konstant gehalten, die Form für das, was wir ins Materielle bringen wollen. So wird erschaffen.

Die Aufmerksamkeit auf unsere Gedanken und damit gekoppelte Emotionen
Unsere Gedanken führen uns in ein Leben wie in einer

Lemniskate, wenn sie immer wieder durch alte und gespeicherte und den damit oft verbundenen Emotionen belebt werden. Deshalb ist es gut, sich und seine Gedanken und auftretende Emotionen zu beleuchten. Was denke ich immer wieder, mit welchen Emotionen ist es verbunden, und warum? Das Warum klärt man, indem man in innere Bilder eintaucht, die Klärung aufzeigen. Wenn es Ängste oder Schmerzen beinhaltet, kann man gut in innere Bilder einsteigen, wenn man sich auf die Stellen am Körper konzentriert und dort eintaucht, wo sie sich ausdrücken.

Die Eigenbeobachtung

Deinen erlebten Tag Revue passieren zu lassen, ist eine hervorragende Chance, das tägliche Leben zu beobachten. Warum tue ich was? Was macht mir Sorgen? Was fällt mir schwer zu tun? Warum traue ich mich nicht, das oder das zu tun? Wo gehe ich in Ängste, in Abwehrhaltung im täglichen Sein? Welche Situationen und Menschen verursachen Unwohlgefühle in mir, und warum? Wenn man das lösen möchte, kann man das gut mit inneren Bildern tun. Letztlich endet es mit der Erkenntnis, dass man wenig Vertrauen in die eigene Existenz hat. Die Verbindung zum Höheren Selbst kann das Vertrauen stärken.

Innere Reisen

Die Reise in das Heilige Höhere Herz, dem Sitz des Höheren Selbst, Einheitsmeditationen und Ähnliches stärken das wahre Sein, das, was wir wirklich sind. Das bringt mit sich, dass wir uns immer mehr verlichten. Das wiederum löst alte Speicherungen und Muster und erleichtert das Leben.

Geführte innere Heil-Reisen

Nicht immer ist man gleich ausgeglichen. Manchmal hat man keinen Ansporn, keine Kraft oder keine Klarheit, sich selbst auf eine innere Reise zu führen. Da helfen geführte Meditationen. Wir bieten die von Kryon geführten Heil- und Klärungssitzungen auf CDs an: „Kurs in Liebe", „Die Goldene Welle", CD 2, „Buch der Heilung", CD, „Wirbelsäulenaufrichtung mit Kryon", beides im Hans-Nietsch-Verlag.

Drittes-Auge-Übung

Diese kleine Übung stammt noch aus den alten Mysterienschulen. Durch eine Konzentration auf das Dritte Auge kann man Gedankenleere erzeugen. Es ist eine gute Möglichkeit, tieferen Kontakt zu sich und dem inneren Universum zu bekommen. Bitte probieren und sich fallen lassen.

Dankbarkeitsübung

Lege deine Hand auf dein Herz und stelle dir eine schöne Situation vor, etwas, wofür du sehr dankbar bist. Spüre dieses warme Gefühl der Dankbarkeit aufsteigen und erweitere es in deinem ganzen Körper und darüber hinaus. Bleibe so lange in diesem Gefühl, wie es sich gut anfühlt. Hilft gegen Depressionen und Einsamkeitsgefühle, und wenn man meint, niemand habe einen richtig lieb! Es ist auch ein guter Einstieg in das Feld der Einheit.

In der Kraft der Einheit baden und die tiefe Stille spüren

Versuche immer wieder, durch das Besuchen des Heiligen Höheren Herzens oder einer anderen inneren Reise das Portal zu durchschreiten, das dich in die Einheit führt. Das ist nicht leicht zu beschreiben. Weil du vielleicht auch in der Natur unter einem Baum oder beim Baden im Meer plötzlich fühlst, du bist EINS mit allem. Solche Situationen erschaffe so oft wie möglich und tauche tief ein.

Dies sind nur ein paar Ideen für Hilfen, den Pfad des Verlichtens zu beschreiten. Am besten ist, man probiert selbst ein bisschen herum und lässt sich auch von seinem Höheren Selbst inspirieren. Ich wünsche viel Vergnügen!

Zur Autorin

Veranstaltungen und Reisen

Wenn Sie Lust haben,
meine geistigen Freunde und mich
direkt zu erleben, besuchen Sie meine Internetseite.

www.barbara-bessen.com

Dort sind all unsere Veranstaltungen und Reisen aufgeführt. Wenn Sie Fragen haben, schreiben Sie uns gern eine Mail: info@barbara-bessen.com. Mein Büro ist jeden Mittwoch von 9 bis 12 Uhr für persönliche Anfragen besetzt.

Seit 2004 erfreuen sich unsere Reisen großer Beliebtheit. Auf der Internetseite unter der Rubrik „Reisen" finden Sie ausführliche Informationen und auch einen Fotoband von den vielen Reisen. Tauchen Sie doch einfach mal ein! Seminare gebe ich in Deutschland, Österreich und der Schweiz!
Ich freue mich, wenn Sie einmal dabei sind!

Barbara Bessen und Team
Postfach 11 33 06
20457 Hamburg
Tel.: 040 37503201

Im Hans-Nietsch-Verlag erschienen:

Das Buch der Heilung
978-3-86264-179-6

CD Buch der Heilung
Energetische Wirbel-
säulenaufrichtung
978-3-86264-222-9

Deine Meisterschaft ist jetzt
978-3-86264-234-2

Kryon Lichtkarten
978-3-86264-223-6

Kryon Inspirationskarten
978-3-939570-61-5

Im Hans-Nietsch-Verlag erschienen:

Buch
Kurs in Liebe

Band 1
Das Erwachen
978-3-939570-12-7

Band 2
Der Göttliche Weg
978-3-939570-38-7

Band 3
Ich Bin
978-3-939570-59-2

CD 1 Ein Kurs in Liebe
Energetische Reinigung
978-3-939570-40-0

CD 2 Ein Kurs in Liebe
Meditation „Goldene Welle“
978-3-86264-006-5

Im CH.Falk Verlag erschienen:

Saint Germain spricht
Band 1
Es lebe die Freiheit
978-3-89568-207-0

Saint Germain spricht
Band 2
Über Gesellschaft, Vergangenheit und Zukunft der Erde
978-3-89568-219-3

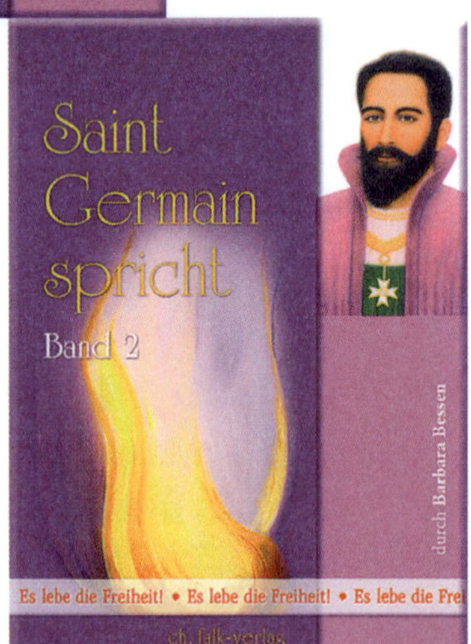